岳麓書社

古典名著普及文库

曹操集

徐　炼　注译

岳麓書社·长沙

图书在版编目(CIP)数据

曹操集/徐炼注译.—长沙:岳麓书社,2021.3(2024.4 重印)
ISBN 978-7-5538-1429-2

Ⅰ.①曹… Ⅱ.①徐… Ⅲ.①曹操(155—220)—文集
Ⅳ.①Z423.42

中国版本图书馆 CIP 数据核字(2020)第 223216 号

CAO CAO JI
曹操集
注　　译:徐　炼
责任编辑:孙世杰
责任校对:舒　舍
封面设计:罗志义

岳麓书社出版发行
地址:湖南省长沙市爱民路 47 号
直销电话:0731-88804152　0731-88885616
邮编:410006

版次:2021 年 3 月第 1 版
印次:2024 年 4 月第 2 次印刷
开本:890mm×1240mm　1/32
印张:9
字数:260 千字
ISBN 978-7-5538-1429-2
定价:26.00 元

承印:湖南省众鑫印务有限公司
如有印装质量问题,请与本社印务部联系
电话:0731-88884129

出版说明

中国古典名著是中华优秀传统文化的重要载体，今天人们要学习传统文化，如果说有所谓捷径可寻，那恐怕就是直接阅读古典名著了。长期以来，为大众读者出版古典名著的普及读物一直是本社的重要使命。约三十年前，我们便出版了“古典名著普及文库”，收书五十余种，七十余册，蔚为大观。这套书命名为“普及”，首先是因为采用了简体字横排的排版方式。当时的古典名著图书，以未经整理的影印本和繁体竖排本居多，大众读者阅读有障碍，故本文库的推出，确有普及之效。其次，我们提出要让读者“以最少的钱买最好的书”，定价远低于当时同类型品种。基于此，这套“普及文库”迅速流向读者的书架，销量极大，功在普及不浅。

当年这套书，所收各书都是文言文全本，无注释，不翻译，对于今天的大众读者来说，已经很难起到普及作用了。而且，读者如果仅仅出于品鉴、入门的需要，也无须通读大部头的全本古籍。因而，我们推出这套全新的“古典名著普及文库”，在选目上广泛听取国内名校学者们的建议，收录经、史、子、集四部之中第一流的名著一百余种，邀请学有专攻的学者精心注释、翻译，并加以导读。篇幅大的经典，精选菁华，篇幅适中的出版全本，个别篇幅小的，则将主题相近的品种合刊为一册。

我们希望有更多的人能够买得起、读得懂中国的古典名著，接受中华优秀传统文化的滋养。这一套轻松好读又严谨可靠的普及文库，便是我们努力实践这一理念的结果。

前 言

这个人，已经被说得足够多了。乱世雄杰，智武王者，慷慨词人——古人所冠的这种种头衔，皆宜以言曹操。当然，也大有以篡逆贼子、悍戾奸雄论曹操的，或者斟酌两说以求平当。对于曹操，如果我们必须再说点什么，那么，是否还是透过本书的这些文字，多看一看这个人是怎么塑造自己的？

曹操（155—220），字孟德，他的出生地沛国谯县（今安徽亳州）似乎是个默默无闻的小地方。曹操的家世也同样寒微，据说“莫能审其生出本末”(《三国志·魏志》)。他是由于父亲曹嵩被桓帝时宦官曹腾收为养子，并输万万钱买下太尉衔，才获得了一个能够说道的世系。而曹操一生都耿耿于此，乃至于把笔自作家传，将自己的家族漫无边际地遥遥仰攀到周天子同宗曹叔振铎。实际上却正是这个微末的出身在很大程度上成就了历史上的这个曹操。

当曹操亲率数千战士毅然同董卓的精骑决战时，他显然已志在天下。这个天下，本是东汉豪右士族的天下。根基浮浅的曹操，他初仕济南便毅然除残去秽，触忤豪强；他运筹帷幄，出奇制胜，一举歼灭曾讥他为“赘阉遗丑”的大官僚贵族首脑袁绍，进而战伐攻取，差不多据有了当时的整个北中国；他胸有成竹，几乎是按部就班地从“奉天子以令不臣”直至受九锡、称魏公，建安二十一年在邺进爵魏王，成为汉家天下有实无名的天子；他每战必亲冒矢石，身先士卒，抚爱将士；他抑兼并，兴屯垦，肃刑法，明赏罚，修文学，励风俗，求贤能，都深刻透露着那种一无所有、对世界热眼旁观的负志少年的愤愤不平，并进而迸发出的翻覆天地、拨弄乾坤的强烈复仇欲与强大无比的能量。唯其一无所有，故而有意气，有那种“大丈夫当如是”和“彼可取而代也”的率真与慷慨；又以其一无所有，故而有惆怅，有“独上高楼，望尽天涯路”的空虚与向往。

“慨当以慷，忧思难忘”，曹操由此而成为诗人。以寥寥数章而为后世所钦、而成为大诗人如曹操者，诗史上似乎罕有其俦。（曹操所赋甚多而现存甚少。）曹操之诗，主题相当集中，又不事雕琢章句，这些诗篇的魅力，正所谓“根在性情”，全然来自其胸中过人的恢宏、慷慨与沉雄。这位劳劳苦思却至死未能了生死的诗人哲学家反复吟唱的只有一个主题：宇宙何宏，创业维艰；人生何促，思之何堪！他那些壮怀激烈的自励与情不自禁忧从中来的人生伤嗟相互摩戛激荡，构成了歌唱这一主题的最漂亮的交响乐章。梗概多气，跌宕悲凉，汉魏风骨，正此之谓。这种壮怀的外在形态又是以这些文学史上最动人心魄的美丽意象呈现的：

东临碣石，以观沧海。
水何澹澹，山岛竦峙。
树木丛生，百草丰茂。
秋风萧瑟，洪波涌起。
日月之行，若出其中；
星汉灿烂，若出其里。

对酒当歌，人生几何！
譬如朝露，去日苦多！
…………
月明星稀，乌鹊南飞，
绕树三匝，何枝可依？

曹操现存二十余首诗全为乐府歌辞，据说他“登高必赋，及造新诗，被之管弦，皆成乐章”(《三国志》注)。可以想见当年诗人蹈高临虚，慨然有动而发为浩叹、引吭高唱的生动情景。曹操被公认为继《诗经》之后四言诗的振兴者，四言这种至庄至朴的黄钟大吕之声也确乎唯魏武这样浑厚的歌喉来唱才相称。

当然，曹操远不止是一位文学圈子里的诗人。由于不止是诗人而诗境始大，具有一种超越艺术的人生浪漫主义；又由于不止是诗人，也便具有诗篇所不能包容的另一面。现存曹操之文全为教令书信一类应用文体，这恰恰补足了曹操于乐府歌辞之外的历史形象。这种补充并不完全是现实功利对浪漫情怀的补充、实用理性对自由想象的补充，曹操的行政方式并不乏诗意之处：

季子为臣，吴宜有君。今君还州，吾无忧矣。

——《以蒋济为扬州别驾令》

日出于东，月盛于东。凡人言方，亦复先东，何以省东曹？

——《止省东曹令》

曹操之为曹操，在于唯他能如此无碍而有益地兼情挚意切的诗意体验与冷峻势利的政治头脑，行空蹈虚的形而上忧虑与雷厉风行的现实行为于一身。曹操的雄浑，是能够含纳自身内在冲突的、闳中肆外的雄浑。魏晋隐者陶渊明在田畴泉壑之间寻找人生的适性与无碍，曹操却是在诗的人格（自由想象）与文的人格（现实应世态度）之间，更在轰轰烈烈的务实事功本身当中寻求无碍融通。他读书而不为书蠹，他的思维中有种似乎得于天赋的实用精神、功利意向和洞达气质。在时当乱世这一现实出发点上，他轻而易举地打通了周孔、法家、老庄、兵家、墨家等诸家的思想。

夫治定之化，以礼为首；拨乱之政，以刑为先。

——《以高柔为理曹掾令》

治平尚德行，有事赏功能。

——《论吏士行能令》

夫有行之士，未必能进取；进取之士，未必能有行也。

——《敕有司取士毋废偏短令》

临祭就洗，以手拟水而不盥。夫盥以洁为敬，未闻拟而不盥之礼，且“祭神如神在”，故吾亲受水而盥也。

——《春祠令》

有不讳，随时以敛。金珥珠玉铜铁之物，一不得送。

——《题识送终衣奁》

浏览这些文字，令人的思维产生畅达迅捷的快意，如乘奔马行旷野疾风中。

理解古人，常言人人殊；翻译古人，更多滞碍。一切理解，都必然带着理解者的偏颇；一切语言的翻译，也都难免成为对被翻译语言的叛离。笔者虽无力于笔下倒挽千年岁月，令读者于当代文字中如闻古人言笑之声，却又不忍从俗，将许多掷地有声或味之无极的古代美言用白话糟蹋成打油诗或市井闲侃。为保持原文的韵味与行文气势，遂在艰难尴尬的选择中宁保留文白夹杂的格涩而不愿以白话本身的“流畅”媚俗。至于诗歌，则仅能在勉为其难的语言跋涉中取一种体验和意味与原作的神似而已；至于语言形式的“形似”（如整齐与韵脚），窃以为不必着相。

本书主要参阅了中华书局1974年版《曹操集》，同时参校了其他一些版本。篇目顺序，诗、文均以时间先后为次重新编排，时间无考者列于后。据考非曹操所作的《塘上行》《兵书接要》等不收。

目录

诗

文

诗

度关山[1]

原文

天地间，人为贵。
立君牧民，为之轨则。[2]
车辙马迹，经纬四极。[3]
黜陟幽明，黎庶繁息。[4]
於铄贤圣，总统邦域。[5]
封建五爵，井田刑狱。[6]
有燔丹书，无普赦赎。[7]
皋陶甫侯，何有失职？[8]
嗟哉后世，改制易律。[9]
劳民为君，役赋其力。
舜漆食器，畔者十国。[10]
不及唐尧，采椽不斫。
世叹伯夷，欲以厉俗。[11]
侈恶之大，俭为共德。
许由推让，岂有讼曲？[12]
兼爱尚同，疏者为戚。[13]

注释

1 东汉中平元年(184)，曹操出任济南相(济南地方官吏)。在任上，他实行了一些革新政治的措施，遭到地方豪强反对，而且得罪了当权的宦官贵族，被迫在中平四年称病辞官回乡。《度关山》大致写于这一时期。诗中表述了他在现实中无法实现的政治设想。

《度关山》属《相和歌 · 相和曲》歌辞。现存曹操诗，全部为乐府歌辞，且多数以时事实感为题，内容与旧题原辞无关。

2 **"立君"二句**：牧民，治理百姓。轨则，轨范规则。这里用作动词，即为百姓制定规则之意。

3 **"车辙"二句**：指君主出巡，车马之迹遍布四方。又道路南北向为经，东西向为纬，"经纬"可引申为规划、经营之意。四极，四方极远之地。这两句的另一层意思是：君主的足迹遍及天下，规划治理他的国家。

4 **"黜陟"二句**：语出《尚书·舜典》。黜，降谪或罢斥。陟，提升。"幽"指才德、政绩陋劣者，"明"指才德、政绩优异者。这句即进贤退暗、奖善惩恶，甄选人才的意思。黎庶繁息，指百姓人口增殖，这是古代生产力发展的重要条件。

5 **"於铄(wū shuò)"二句**：於铄，表赞美的感叹词。贤圣，指古代贤明的王者。总统，总一地统辖。

6 **"封建"二句**：封建，是"封侯建国"的简称。古代分封制，分封诸侯，为之建立邦国，并授以爵位。五爵，公、侯、伯、子、男五等爵位。井田，传说周代田制以九百亩为一井，画为"井"字形的九个区，中心一方为公田，周围八方为私田，分与八家，由八家共同种养公田，此即所谓井田制。这两句意为：古圣贤君主行封建制、井田制，并设立刑狱。

7 **"有燔"二句**：燔，焚烧。丹书，犯人罪行的记录，用朱笔书写，故名。一说古代罪犯没为奴隶，丹书是其卖身契约。赦赎，赦免罪犯或许其以金赎罪。这两句的意思是：宁可烧毁丹书，废除罪犯入官为奴的法律，也不可既保留法律条文，又容许轻易赦宥或买赎，致使刑法有名无实。史载曹操"用法峻急""有犯必戮"，可见这里是以极端方式强调法律的权威性。

8 **"皋陶(yáo)"二句**：皋陶，虞舜时代的狱官之长。甫侯，又作"吕侯"，周穆王时为司寇(掌刑狱的官)。他所定法律，被称为"吕刑"。两人都以秉公执法著称。这里含有作者的自拟之意。这两句意为:像皋陶、甫侯的严于执法,正是司刑法者的本分,哪里会有什么失职呢?

9 **“嗟哉”四句:**这四句意为:可叹后世君主,改变了上古的制度和法律,以劳役和赋税榨取民力,供君主一人享用。役赋,用作动词,役使、赋敛。

10 **“舜漆”四句:**舜,传说中的帝王,国号虞,史称“虞舜”。据《说苑·反质》:尧为天子,用土碗吃饭,土瓶饮水,天下臣服。舜即位后,刻木为食具,饰以黑漆,结果有十三国诸侯背叛他。唐尧,传说中禅位给舜的帝王,国号唐,史称“唐尧”。《韩非子·五蠹》:“尧作天子,茅茨不剪,采椽不斫。”采椽,栎木或柞木椽子,形容俭朴。不斫,不经砍削加工。这四句的意思是:唐尧生活俭朴,天下臣服;而虞舜变得奢侈,天下叛离。畔,通“叛”。

11 **“世叹”四句:**伯夷,商末孤竹国君的长子,孤竹君死,伯夷与其弟互相让国,弃国出逃。后来他们反对武王伐纣,就逃上首阳山,“不食周粟”而死。孟子赞为“廉”与“圣之清者”,“世叹伯夷”即指此。厉俗,激励劝勉世俗。“侈恶之大”二句,出《左传·庄公二十四年》:“俭,德之共也;侈,恶之大也。”四句意为:世人赞仰伯夷,欲以其德行劝化风俗。要知道俭朴是公认的美德,而奢侈是莫大的罪恶。

12 **“许由”二句:**许由,传说中上古的高人。《史记》载:尧欲让帝位于许由,许由认为这是对自己的侮辱,遂隐于箕山。讼曲,打官司,辨是非曲直。这两句说:倘若人能像许由那样推让,哪里还会有争讼?

13 **“兼爱”二句:**《兼爱》《尚同》为《墨子》书中的两篇。墨子于其中提倡“兼相爱”“交相利”,以及“天下之百姓,皆上同于天子”,体现一种超阶级的平等思想。戚,亲近。这两句意为:像墨子主张的那样实行兼爱、尚同,原本疏远的人们也会变得亲近。

译文

自从造物主凿开混沌,辟出天地,

就选定了人作为其间亿万生物中的灵长。

又依照星辰随从日月的道理

在灵长中设立君王，牧养众庶。
维系人间秩序的轨范，也由他划定。
帝王大驾的马迹辙痕
在他巡幸所至的四方八极，
留下了经天纬地、至大无匹的
一幅蓝图。
谫劣鄙恶受到斥逐，
良智懿德得到迁赏。
烝烝黎民，天地万物，
都在繁衍生息，蓬勃滋长。

赞美你！古之贤明圣主，
囊括寰宇，统摄万邦！
封土建国，五等诸侯各辖其域，抚其民，
地置井田，为公为私俱安其分，守其职。
刑法之立，是国家的要务，
宁可焚弃丹书，尽废成法，
也不可轻赦滥赎，
让国家律令成为一纸空文。
倘使立法者和执法人都具有
上古时皋陶的刚直、甫侯的峻厉，
这不就已是
对法律最完美的尽职？

感慨！可悲的后继者，
上古治世的善政良法，已在你们的手中尽行改易。
你们的足迹，只嵌在

征敛和虐使子民的道途中，

百姓们生命的汁液都在徭役和税赋的绞榨下，涔涔流出，

以滋养

非分的奢侈和淫靡。

劳瘁枯槁的唐尧，生活俭朴，用土碗进食

而天下安泰；

虞舜只是改用木碗并加以漆饰，便招致

十三个诸侯的反叛。

世人赞叹伯夷，

欲以其德行劝化风俗。

须知俭朴是公认的美德，

奢靡是极大的最恶。

假若人们能如许由那样毅然推让掉

一个国家，

世间的一切诉讼纷争

岂非全都是笑话?!

兼爱天下每一个同类，

一介平民同一国君主之间

并没有等差，

那时天下亿兆必将互为姊妹父兄——

尽管远隔天涯。

薤 露[1]

原文

惟汉廿二世，所任诚不良。[2]
沐猴而冠带，知小而谋强。[3]
犹豫不敢断[4]，因狩执君王[5]。
白虹为贯日，己亦先受殃。[6]
贼臣持国柄，杀主灭宇京。[7]
荡覆帝基业，宗庙以燔丧。[8]
播越西迁移，号泣而且行。[9]
瞻彼洛城郭，微子为哀伤！[10]

注释

1 东汉中平六年(189)，少帝即位，何太后听政。太后兄、河南尹大将军何进谋诛宦官，密召董卓进军洛阳。谋泄，何进为宦官张让等所杀，张让遂劫少帝出走小平津(今河南孟津东北)。董卓入京，迎还少帝，旋又擅权废少帝为弘农王，立陈留王刘协为献帝。后弑少帝，专朝政，穷凶肆虐，恣意残杀。关东诸郡起兵讨逆，董卓焚毁洛阳，胁迫天子百官及百姓数百万口西迁长安，酿成一场空前的浩劫。这首诗就是以上历史事件的真实写照。

《薤露》属《相和歌 · 相和曲》歌辞，是乐府古题，本是送葬的挽歌。薤是一种多年生草本植物，叶细长，鳞茎和嫩叶可食。古人以薤叶上露水极易消散，比喻生命的危浅。曹操此诗是以古调叙写时事，清沈德潜说："借古乐府写时事，始于曹公。"

2 **"惟汉"二句：**汉朝世系，自高祖刘邦至灵帝刘宏，凡二十二世，故称"廿二世"。惟，句首助词。所任，指何进。何进召董卓入朝，酿成大祸，故说"诚不良"。诚，确实。

3 **"沐猴"二句：**沐猴，即猕猴，四肢似人，楚人称"沐猴"。前一句出于《史纪·项羽本纪》"人言楚人沐猴而冠耳"，是骂人徒具人形而无人性。知，同"智"。后一句出于《周易·系辞下》"知小而谋大"，意为以小智而作大谋。

4 **"犹豫"句：**何进谋诛宦官，太后不从。众宦官又诣何进谢罪，何进因而犹豫不决，致失事机。

5 **"因狩"句：**狩，原意指天子出巡。此处是一种通常的避讳用法，隐指天子被劫。这句述张让挟天子走小平津事。

6 **"白虹"二句：**古代思维认为人间重大事件的发生皆有天象为之兆。《后汉书·五行志》注："虹贯日，天子命绝，大臣为祸。"又《后汉书·献帝纪》："初平元年二月，白虹贯日。"上句即以此记述是年正月少帝为董卓鸩杀事。白虹，空中的白色云气。贯，穿过。下句是指何进诛宦官不成，反为宦官所杀。

7 **"贼臣"二句：**贼臣，指董卓。持国柄，把持国政。董卓于中平六年九月杀何太后，自封太尉，十一月进为相国。灭宇京，指董卓入京后，纵兵杀掠，西迁时又纵火焚毁洛阳。宇京，京城，此指洛阳。

8 **"荡覆"二句：**荡覆，颠覆，扫荡。帝基业，指东汉政权。宗庙，帝王的祖庙，古代视为政权象征。燔(fán)丧，烧毁。

9 **"播越"二句：**播越，迁徙跋涉，颠沛流离。此叙董卓强迫西迁事。西迁途中，死亡甚众，积尸盈路。

10 **"瞻彼"二句：**瞻，望。郭，外城，这里泛指洛阳城郊。微子，殷纣王之兄，名启。"微"是他所受封的国名，"子"是爵号。《尚书大传》说微子于殷亡后路经故都，见宫室颓圮，废墟上长满禾黍，十分哀痛，作《麦秀》之歌，以寄故国之思。这里作者是以微子自况，借古事写目前情景。

译文

巍巍汉室，自高祖皇帝斩蛇立基，
已传到第二十二代帝王。
这一代天子所倚重的股肱之臣，
不想竟成了社稷倾覆的根由。
猴子一旦用人的冠带装饰了自己，
必定会认为自己的智慧也和人一样
　　能谋划大事。
不能对军国要务
　　　　做出明智合宜的决断，
因而造成天子被挟的败局。
汉初平元年二月，白虹贯日，
——汉天子已饮鸩于那篡逆的贼臣手中。
那沐猴而冠的辅弼
　　早已因自己的多谋少断
　　而身遭祸殃。

乱臣贼子玩弄着国柄，
弑杀君主，
烧毁京都洛阳。
汉朝的基业顷刻覆灭，
汉朝的宗庙也被焚毁。
西徙路上那撕心裂肺的哭泣哀号声，
是数百万被燔炙的生命的抗争。

微子曾哀吟《麦秀》怀念他的故国，
我眼前洛阳城垣的遗骸，
正哀吟着我的《薤露》。

蒿 里[1]

原文

关东有义士，兴兵讨群凶。[2]
初期会盟津[3]，乃心在咸阳[4]。
军合力不齐，踌躇而雁行[5]。
势利使人争，嗣还自相戕。[6]
淮南弟称号[7]，刻玺于北方[8]。
铠甲生虮虱[9]，万姓以死亡。
白骨露于野，千里无鸡鸣。
生民百遗一，念之断人肠。

注释

1 东汉初平元年(190)，关东各州郡地方长官一同举兵讨伐董卓，公推渤海太守袁绍为盟主。董卓挟献帝迁都长安，自屯洛阳。这时关东诸师多怀私意，各有异心，彼此观望不前。《三国志·魏书·武帝纪》："卓兵强，绍等莫敢先进。太祖(曹操)曰：'举义兵以诛暴乱，大众已合，诸君何疑？'……太祖到酸枣，诸军兵十余万，日置酒高会，不图进取。太祖责让之，因为谋曰：'……今兵以义动，持疑而不进，失天下之望，窃为诸君耻之！'"不久后，各郡军为争权势，互相火并，军阀混战的局面自此开始了。战争造成了空前的社会动乱和破坏。本诗纪实性地摭录了这段历史，寄寓着诗人深沉的慨伤。明代钟惺评价它说："汉末实录，真诗史也。"

《蒿里》属《相和歌・相和曲》歌辞，是乐府古题，本是送葬的挽歌。蒿里本为地名，在泰山之南，古人认为，人死而灵魂将归于蒿里，故以为挽歌之名。崔豹《古今注》云："《薤露》《蒿里》并丧歌也，出田横门人。横自杀，门人伤之，为之悲歌。言人命如薤上之露，易晞灭也；亦谓人死魂魄归乎蒿里。"

2 **"关东"二句**：关东，函谷关以东，包括今河南、山东等地区。义士，指举兵伐董的关东诸郡首领。群凶，指董卓为首的恶类。

3 **"初期"句**：盟津，即孟津，黄河古渡口名。在今河南孟津东、孟州市西南。孟津是当时关东伐董诸师会合的地点；同时，孟津相传也是武王伐纣会集八百诸侯的故地。《尚书・泰誓》："惟十有三年春，大会于孟津。"此句纪实与用典双关，以武王伐纣事暗喻当时伐董的正义性。期，期望，期待。这句意思是说：原来期望会合正义之师，吊民伐罪。与下文诸郡背弃初盟、自相残杀相关合。

4 **"乃心"句**：乃心，出自《尚书・康王之诰》"虽尔身在外，乃心罔不在王室"（你虽身在外方，你心却总在王室），后世以"乃心王室"为尽心国事之称。咸阳（今陕西省咸阳市东），借指长安，当时献帝王室在长安。此句意谓关东义士初意乃忠诚国事，辅佐汉室。另一说：此句用《史记》故事。《史记・高祖本纪》："秦二世三年……（怀王）与诸将约，先入定关中者王之。"关中，即咸阳。依此说，则这句有暗讽诸郡起兵乃图谋吞并异己、称王天下的含义。

5 **"踌躇"句**：踌躇，犹疑徘徊。雁行（háng），如飞雁般排列成行。这里是指诸军像雁阵一样排成横列，谁也不愿先行。

6 **"势利"二句**：这两句是写伐董诸军中兖州刺史刘岱与东郡太守桥瑁、冀州牧韩馥与渤海太守袁绍等人之间争夺权势的战争。嗣还，随后不久。还（xuán），通"旋"，立即。戕，残杀。

7 **"淮南"句**：淮南，今安徽寿县。弟，指袁术。袁术为袁绍从弟，割据淮南。建安二年（197），称帝号于寿春。

8 **"刻玺"句**：这句写东汉初平二年（191）袁绍与韩馥谋废献帝、立幽州牧刘虞为帝事。《献帝起居注》："公（曹操）上言大将军邺侯袁绍，前与冀州牧韩馥,立故大司马刘虞,刻作金玺。”由于曹操的激烈反对及刘虞本人的拒绝,此事未果。

9 **“铠甲”句:**古代作战所穿的防护衣,金属所制的称为“铠”,皮革制的称为“甲”。这句是说:由于战事连绵,兵不解甲,衣甲里都长满了虱子。虮,虱的卵。

译文

讨逆的义士啊,起自关东,
麾军西进,一心殄灭元凶。
誓师孟津,
原只为奋志勤王,直指咸阳。
谁料众军同营而异志,犹疑不进,
彼此滞延观望,如横列的雁行。
转眼间兄弟阋墙,同室操戈,
一己的权势使他们成了相互戕残的仇敌。
淮南的弟弟僭称帝号,
北方的兄长私刻了王玺。
这些“兄弟”间绵延无止的战乱制造着惨切:
虱子咬啮着不得解甲的战士,
死神吞噬着不得水米的黎民。
萧索的旷野上白骨遍布,
阴惨惨的千里赤地一片死寂,不闻鸡鸣,
不见移动着的人影。
每念及此,
能不令人中心伤痛!

善哉行[1]三首

其　一

原文

古公亶父[2]，积德垂仁。
思弘一道[3]，哲王于豳[4]。
一解

太伯仲雍[5]，王德之仁。
行施百世[6]，断发文身。
二解

伯夷叔齐，古之遗贤。
让国不用，饿殂首山[7]。
三解

智哉山甫[8]，相彼宣王。
何用杜伯[9]，累我圣贤。
四解

齐桓之霸，赖得仲父。[10]

后任竖刁，虫流出户。[11]

五解

晏子平仲，积德兼仁。[12]

与世沉德，未必思命[13]。

六解

仲尼之世[14]，王国为君[15]。

随制饮酒[16]，扬波使官[17]。

七解

注释

1 《善哉行》为乐府旧题，属《清商曲·瑟调》。全篇三首，均为政治抒情诗。第一首咏史。曹操称颂周朝古公亶父以来政治人物中的若干圣贤及其史事，咏寄自己的政治抱负，表白尊汉的政治态度。

解，乐曲、诗歌的章节。《乐府诗集·相和歌辞题解》："伧歌以一句为一解，中国以一章为一解。"

2 **古公亶父**：周文王的祖父。"古公"是称号。《史记·周本纪》载，由于受到西北熏育族攻伐，他率领周人迁居于岐（今陕西岐山县东北），仁厚爱民，从此宗族繁盛，奠定了周朝的开国基业。

3 **弘**：弘扬。 **一道**：《汉书·董仲舒传》："是以禹继舜，舜继尧，三圣相受，而守一道。"这里是指古公亶父继承其祖先后稷、公刘的事业，发扬兴农事、行仁政的传统。

4 **哲王于豳**：哲，贤明。豳，地名，今陕西彬州、旬邑一带。

5 **太伯仲雍**：古公亶父的长子与次子。据《史记·周本纪》：古公亶父认为其孙姬昌（周文王）上应天命，因而想立少子季历，以使季历再传位给其子姬昌。太伯、仲雍为了让位给弟弟，就一同避居到荆蛮之地。下文的"断发文身"即指二人避居吴地，随当地民俗，剪断头发，在身上刺花纹。

6 **行施(yì)百世:**指太伯、仲雍让国的风范垂及百世。施,延续,延伸。

7 **殂:**死。 **首山:**即首阳山。在今山西永济市蒲州镇南。

8 **山甫:**仲山甫,周宣王大臣。辅佐宣王革新政治,使当时趋于衰弱的周王室出现“中兴”。

9 **用:**因为。 **杜伯:**宣王大臣,无罪而为宣王所杀。

10 **齐桓、仲父:**即齐桓公和管仲。

11 **“后任”二句:**竖刁,齐桓公所宠信的宦官。齐桓公不听管仲遗言,任用竖刁等人,朝政日衰。桓公死后,他的儿子们争位相斗,以致桓公尸体六十七天无人收殓,蛆虫从腐烂的尸体上爬到门外。

12 **“晏子”二句:**晏子,即晏婴,字平仲,春秋时齐国大夫,曾于灵公、庄公、景公三世为臣。尚节俭,重德行。他得知贤能的越石父被囚于牢狱,就“解左骖(驾车的马)”为他赎罪。

13 **未必思命:**《史记·管晏列传》记晏子“国有道,即顺命;国无道,即衡(抗拒)命”。齐庄公与大臣崔杼的妻子通奸,被杼杀死。崔杼要晏子顺从他,晏子拒绝。

14 **仲尼:**孔子的字。

15 **王国为君:**王国,指周王室。君,指诸侯国君。当时周王室衰微,诸侯强悍,周天子的地位只相当于诸侯。

16 **随制饮酒:**遵从礼仪的规定赴宴饮酒。

17 **扬波使官:**“波”当作“彼”。“使官”当作“使臣”。《左传·僖公十二年》载:管仲出使周,受到上卿礼的接待,但他按礼制只接受周王的下卿礼。

译文

听说那遥远的古公亶父啊,

他治下的百姓世世盥沐在仁与德的澍雨之中。

他思悟了那

贯通天与人、古与今、善与恶、圣王与黎民

一切一切的大道，
含笑将明哲之王的称号留给了
他的百姓及他的葬地——豳。
一解

这是两位没有王者名号的
王者，
泰伯、仲雍。
他们身上甚至也绝不能见到
任何王者的迹象，
他们断发文身，形如野人。
他们将那个崇高显耀的位置，
让给了
上应天命的文王姬昌，
也就是将无尽的福泽和欣悦，
让给了
百世以下的亿兆生民。
二解

这又是两位让国的兄弟，
伯夷与叔齐。
他们互以对方为“应当”，
彼此推让。
他们所逃避的，实际上就是
——不够高尚。
两个高尚生命的最后完成，
是以其自身

殉了

不复存在的、自己的王朝，

这里瘗葬的是两位不食周粟的

商代遗民，

首阳山的抔土至今充当着

无字的碑铭。

三解

仲山甫之睿智与周宣王之明达

的吻合，

为周史镌刻了“中兴”。

假如没有杜伯的无辜被刑，

这两位君臣本可以被青史完美地记载为

圣明与贤能的。

四解

齐桓公喧腾的霸业与超人的明智

原是来自

管仲的头脑。

他宠幸的竖刁，

正是他晚年的灵魂之本相——

管仲头脑的取代者，

以致桓公死后无人及时收殓，

尸生蛆虫爬到门外。

五解

晏婴曾经“解左骖”，

赎出了越石父。

他的仁德本身，使他将三世的“沉德”

　　给予齐国，

却不肯给予它

　　仁德以外的顺从。

六解

在孔子时代，

周天子低弱的声音

　　早不足以威服

　　　　任何一位诸侯国君，

但它却能够响亮地召唤一名使臣的良知和笃诚，

遵从礼仪的规定赴宴饮酒，

管仲对周天子所遵行的

　　正是“礼”的这一精魂。

于是与这种智慧相连的名字，方得

　　与一位明哲的赞许

　　　　共存。

七解

其　二[1]

原文

自惜身薄祜[2]，夙贱罹孤苦[3]。

既无三徙教[4]，不闻过庭语[5]。

一解

其穷如抽裂[6],自以思所怙[7]。
虽怀一介志[8],是时其能与[9]!

二解

守穷者贫贱,惋叹泪如雨。
泣涕於悲夫[10],乞活安能睹?

三解

我愿于天穷[11],琅邪倾侧左[12]。
虽欲竭忠诚,欣公归其楚[13]。

四解

快人由为叹,抱情不得叙。[14]
显行天教人[15],谁知莫不绪[16]。

五解

我愿何时随?此叹亦难处。
今我将何照于光曜[17]?释衔不如雨[18]。

六解

注释

1 这一篇自叙身世怀抱,言其少年孤苦、遭遇坎坷及政治抱负未得实现的苦闷。据内容看,本篇约写于建安元年(196)曹操执掌朝政以前。

2 **祐:**福。

3 **夙:**平素,旧来。 **罹:**遭遇艰难或不幸。

4 **三徙教:**《列女传》:孟轲的母亲为了使他在好的环境中受教育,曾三次搬迁,选择合适的邻居。徙,迁移。

5 **过庭语:**《论语·季氏》:孔子的儿子孔鲤从庭院中走过时,孔子叫住他,嘱他学《诗》与《礼》。此句与上句,分别指幼时的父教与母教。

6 **抽裂:**抽肠裂肤,形容极其痛苦。

7 **怙:**依靠,又特指对父亲的依靠。《诗经·小雅》"无父何怙"。

8 **一介志:**极小的志向愿望。一介,指微小的事物。

9 **与:**从。此指遂愿。

10 **於悲夫:**於、悲夫,均为叹词。

11 **天穷:**当作"天穹",即苍天。古人视天圆如穹顶,故称。

12 **"琅邪"句:**琅邪,山名,在今山东青岛市黄岛区。左:东方,琅邪的方位在东。这句指曹操父亲曹嵩之死。董卓之乱时,曹嵩在琅邪避难,为徐州刺史陶谦部下所杀。此以山倾喻父亲之亡。

13 **欣公归其楚:**指献帝还洛阳事。初平元年(190)董卓胁迫献帝迁长安。兴平二年(195)董承等护帝还驾,次年至洛阳。这句诗借用经典语写当时事,《左传·襄公二十九年》"公至自楚"。

14 **"快人"二句:**快人,使人喜悦。由,通"犹"。曹操于建安元年派曹洪西迎献帝,为杨奉等拒绝,"抱情不得叙"指此。

15 **显行天教人:**显行,大的德行。此指政治事业。天教人,以天子政令教化百姓。

16 **绪:**残,引申为失败。

17 **照:**相对于。**光曜:**日月。

18 **释衔:**解忧。释,解除。《诗经·小雅》"出则衔恤",衔恤即含忧。此句意为:雨犹有停歇,而忧患无穷期。

译文

自有我的存在起,
造物所给予我的就只有
　　孤凄与
　　　　困苦,
我用以反抗这种悭吝的

就只有

不足为反抗的一声叹息。

它包含了我应有的

母亲三次迁徙择邻的苦心，

以及

父亲在庭前关于《诗》和《礼》的嘱咐。

一解

不错，

我对于人世温暖的空缺的感受，

是冰冷的穷困教给我的。

它不但能锋锐地

撕裂人的肌肤、肝肠，

也能轻易地剥夺

卑贱者卑贱的志向。

二解

真正的贫贱

是对于贫贱本身的守护。

如山的叹惋，如雨的泪水，

其中交织着

对贫贱的俯伏与

不甘。

人心对于任何一端的偏移，

取决于：它透过泪水

看到了求生之路，或者

看不见求生之路。

三解

谁能想到

在我的去路上，还埋藏着一次致命的崩摧，

琅邪轰然倾圮，

连同我失怙的惨痛一同掩埋。

当我将无望的目光茫然投向苍穹，

我灵魂中的忠诚

却又遥遥听到

天子大驾还归的铃铎。

四解

我不知道

世间有哪一份喜悦能够

不像我的欣喜一样，

一再化为叹息，

有哪一位志士的忠怀

不像我的衷情一样，

一次次无从倾诉。

昭明的功业，奉天子圣教以化万民，

这原是

无碍的必然，

却不想我这顺应天道的心愿，

依然为造物者所忌。

五解

我不敢慨然向它质问：
“我愿何时随？”
我不敢断然否认
　　我的遗憾和忧患将会
　　　　无望地绵延，
即使是秋日的淫雨也有止歇的一天啊。
我将何以面对
　　昭昭日月！
　　　　昊昊苍天！

六解

其　三[1]

原文

朝日乐相乐，酣饮不知醉。
悲弦激新声，长笛吹清气[2]。

一解

弦歌感人肠，四座皆欢悦。
寥寥高堂上[3]，凉风入我室。

二解

持满如不盈[4]，有德者能卒[5]。
君子多苦心[6]，所愁不但一[6]。

三解

慊慊下白屋[8]，吐握不可失[9]。
众宾饱满归，主人苦不悉[10]。

四解

比翼翔云汉[11]，罗者安所羁[12]？
冲静得自然[13]，荣华何足为！

五解

注释

1 这首诗与《短歌行·其二》同一主题，表现作者虚心下士、建业求贤的情怀。

2 **长笛吹清气**：长笛清彻的音调。《宋书·乐志》引王僧虔云："清气者，乃清商曲也。"

3 **寥寥**：空荡宽阔。

4 **持满如不盈**：虽持着盛满水的器具，但从持者的意态看来却像水并不满。喻居高位而不倨傲自满。

5 **卒**：终了。此指有始有终。

6 **苦心**：指为国事劳心。

7 **但**：只。 **一**：一样，一件。

8 **慊慊**：谦逊的样子。 **下**：动词，对待在自己之下的人。 **白屋**：茅屋，借指贫贱者。

9 **吐握**：吐哺握发。

10 **悉**：尽。此指将贤才尽收于己。

11 **比翼**：并列双飞。 **云汉**：银河，此指天空。

12 **罗者**：张网捕鸟的人。罗，捕鸟的网。 **羁**：束缚。

13 **冲静**：恬静淡泊，无欲无争。

译文

阳光的喧笑有如宾客的喧笑，
沉酣于美酒所带来的欢乐中
　　能称作醉吗？
悲亢的丝弦上跳动着陌生的激情，
天籁中的清越之气径直从笛身穿出！

一解

是弦歌中的哪一声清妙，
启开了人们的心怀？
寥寥高堂的四壁
　　顿时为之洞开，
天外的凉风刚健地充斥、回旋于
　　我胸臆的高堂之上，
我是空阔，是充实，是慷慨。

二解

满足的概念，
只对于那些有限的容器
　　才有意义，
在真正高旷的胸臆中
　　永远只有如虚。
不知满足的有德者才会懂得什么是
　　完成、终了，
不愿满足的君子所容纳的
　　远不止某种有限的忧愁。

三解

让我用如虚的忧虑和谦逊

　　去叩动

　　　　那些茅屋的柴扉，

吐哺、握发，我将以自己被中断了的

　　　　盥沐、进食和睡眠，

去呼唤

　　那掩藏在柴扉后面的奇才与美德。

宾客从琴歌、醇酒中带走了饱满，

宾客饱满的离去给主人留下了失落的忧虑。

四解

似乎，鸟儿的双翼

　　永远是依赖

　　　　高空中的自由来鼓动，

那么，企图捕捉自由和天性的网罗者

　　岂不是极其可悲？

你是想用地上的煊赫和饵食

　　去网住

　　　　翱翔于自然中的自由吗？

五解

董逃歌[1]

原文

德行不亏缺，变故自难常。
郑康成行酒伏地气绝[2]。
郭景图命尽于园桑[3]。

注释

1 **董逃歌：**乐府曲调名，属《相和歌·清调曲》，又作《董逃行》《董卓歌辞》，原为东汉民歌。据传原词为诅咒董卓之作，曹操所作与原词内容无关。他在曲中否定"天佑有德"的普遍信念，认为寿夭祸福未必有必然联系。

2 **郑康成：**郑玄，字康成，高密（在今山东）人，东汉末大儒，注释了大量儒家经典。建安五年，他在一次宴会上劝酒时，猝然死去。

3 **郭景图：**生平不详。据诗内容，他应当也是德行不亏的人。

译文

即使德行美善略无瑕疵，
人世的变故灾异却从来不循常轨。
郑康成行酒伏地气绝，
郭景图无故在桑园中殒命。

对　酒[1]

原文

对酒歌[2]，
太平时，
吏不呼门[3]。
王者贤且明，宰相股肱皆忠良[4]。
咸礼让，民无所争讼。[5]
三年耕有九年储，仓谷满盈。[6]
班白不负戴。[7]
雨泽如此，百谷用成。[8]
却走马，以粪其土田。[9]
爵公侯伯子男，咸爱其民，以黜陟幽明，
子养有若父与兄。[10]
犯礼法，轻重随其刑。[11]
路无拾遗之私。[12]
囹圄空虚，冬节不断。[13]
人耄耋，皆得以寿终。[14]
恩德广及草木昆虫。[15]

注释

1 本篇与《度关山》同为讴歌政治理想的篇章。生当战乱年代的作者在这首诗里，尽情地描绘了一幅熙熙盛世的极乐图景。本篇属《相和歌·相和曲》。

2 **歌：**歌唱。

3 **吏不呼门：**由于政宽人和，没有官吏因为租赋徭役之事到百姓家呼叱催逼。

4 **股肱：**股、肱分别是大腿和臂膊，是人行动所依仗的根本。古代用以喻称君主施政所倚重的辅佐大臣。

5 **“咸礼让”二句：**咸，都。礼让，遵循礼法，彼此谦让。争讼，由于争执而引起诉讼。

6 **“三年”二句：**《礼记·王制》“三年耕必有一年食，九年耕必有三年食”。这句意思说由于年成极好，三年生产的粮食足以供九年的储备。

7 **“班白”句：**班白，又作“斑白”“颁白”，指头发花白的老人。负戴，肩扛、头顶重物，统指体力劳动。《孟子·梁惠王》：“颁白者不负戴于道路矣。”这句是说由于年稔粮丰，仓廪充实，老年人可以不必担负繁重的体力劳动了。

8 **“雨泽”二句：**雨泽，雨水滋润。百谷，指一般粮食作物。用，因而，因此。成，成就，指粮食丰收。这两句说，时雨这样充沛，各种谷物因而得获丰收。

9 **“却走马”二句：**却，退。走马，善跑的好马。粪，用作动词，施肥务农。《老子》“天下有道，却走马以粪”，是此句所本。意思是说，在理想的农业社会里，消除了战事，人们也不用四处奔走，因而那些健马都可以用来耕地施肥了。

10 **“爵公侯”四句：**周代分封诸侯，爵位分为公、侯、伯、子、男五等。子养，像对亲子一样抚养。这四句的意思是：各地各等的诸侯们都仁爱自己治下的百姓，奖善惩恶，辨优劣选拔人才，如同父兄之于子弟般爱养人民。

11 **“犯礼法”二句：**意为如有悖礼犯法者，将据其罪过大小轻重而适当量刑。

12 **“路无”句：**遗，遗失在路上的东西。这句说，拾取路上的遗物以入己囊的私念是没有的。

13 **“囹圄”二句：**囹圄，监狱。冬节，冬至日。断，判决罪犯。史书上说汉代在冬至这一天判决犯人。这两句说，由于牢狱中没有了罪犯，冬至日自然就无须判决犯人。

14 **“人耄耋”二句：**人寿九十称为“耄”，八十称为“耋”。这两句说，那时人都可活很大年纪，以长寿而终，暗指不会由于非自然原因死亡。

15 **“恩德”句：**这句是对王者仁政恩德深广的夸张的颂扬。

译文

让我们举觞酾酒，诚心祝颂，
那熙和极盛的太平时光。
那时节，河清海晏，百姓们乐业安居，
不再有俗吏恶胥们上门呼叱，逼索徭赋。
人间帝王贤德圣明，
如股如肱的辅弼大臣们个个忠贞善良。
仁德化育下的黎民，谁不秉礼谦让，
人们早已不复记起，什么叫作纷争诉讼。
令人难以置信啊，那天赐的丰稔，
三载的收获，足以供九年享用！
黄澄澄的谷粒溢出仓廪，
那么，须发斑白的老人们
　　还用得着弓腰曲背地奔波于道路吗？
淅淅而降的甘霖，及时而充沛地滋润着大地，
作物茂盛地生成，
人们不必再为旱魃的肆虐而焦虑惶恐。
往时为战事和徭役在外驱驰的骏马，
可以用来在田地中送粪和耕种了。
牧守一方的公侯们
也都仁爱他治下的子民，

有过必咎，

良善必赏，

恩养抚恤，如父亲兄长。

也许，偶有越礼悖法的事情发生吧，

那么，公正的刑罚会恰如其分地加于肇事者之身。

事实上，那时的人们该是心无纤芥之私，

路不拾遗已不是什么鲜见的奇事。

牢狱的大门，早失去了惩戒和囚禁的意义。

冬至之日的例行宣判，也早成为往事。

在这样的世界里，人活到八十、九十，

都是很平常的，

别说是人了，就是山川草木、鱼鸟昆虫，

也莫不被覆在王者仁风的祥和气氛之中。

苦寒行[1]

原文

北上太行山，艰哉何巍巍！[2]

羊肠坂诘屈[3]，车轮为之摧。

树木何萧瑟，北风声正悲。

熊罴对我蹲[4]，虎豹夹路啼。

溪谷少人民，雪落何霏霏[5]。

延颈长叹息，远行多所怀。[6]

我心何怫郁，思欲一东归。[7]
水深桥梁绝，中路正徘徊[8]。
迷惑失故路[9]，薄暮无宿栖。
行行日已远[10]，人马同时饥。
担囊行取薪，斧冰持作糜。[11]
悲彼《东山》诗，悠悠使我哀！[12]

注释

1 本诗属《相和歌·清调曲》。《乐府解题》释本题说："晋乐奏魏武帝《北上篇》，备言冰雪溪谷之苦。其后或谓之《北上行》，盖因武帝辞而拟之也。" 建安十年(205)，降将高干听说曹操将北征乌桓，乃据并州而叛，扼守壶关。建安十一年(206)春，曹操自邺北上太行山，征伐高干。本篇大约作于此时。(此从何焯《义门读书记》说)诗述行军苦寒，抒苍凉悲壮之慨。

2 **"北上" 二句：**太行山，起自今河南济源，北入山西，又经河南入于河北。曹操从邺城(在今河北临漳县西南)西北向，度太行山攻壶关(今山西长治东南)，故云"北上"。何，多么。巍巍，高峻貌。

3 **"羊肠坂"句：**羊肠坂，地名，位于壶关之东南。坂，斜坡。诘屈，盘旋纡曲。

4 **罴：**棕熊。

5 **霏霏：**雪纷纷落下的样子。

6 **"延颈" 二句：**延颈，眺望时伸长脖颈。这两句说：举目远眺，喟然长叹，远行的人多有所感怀。

7 **"我心" 二句：**怫郁，愁闷不安。东归，这里指归曹操谯县故乡。

8 **中路：**中途。

9 **故路：**原来行进的路。

10 **"行行" 句：**行行，连续不断地行进。日已远，时候已经不早了。

11 **"担囊" 二句：**斧冰，"斧" 用作动词，以斧凿冰。糜，粥。这两句说，一边挑着行囊一边捡拾柴薪，用斧凿开冰层取水煮粥。

12 **“悲彼”二句**:《东山》是《诗经·豳风》中的篇名,这是一首表现戍卒归途思乡的典型的诗篇。毛苌释《东山》:“《东山》,周公东征也。周公东征,三年而归,劳归。士大夫美之,故作是诗也。”作者引用此诗,或隐含了以周公自况的意思。

译文

北上太行山!
嵯峨危耸的太行不可攀登!
坚厚的车轮
　　颠簸摧折在羊肠坂的千曲百折、崎岖崚嶒之上了,
峻烈的北风
　　在肃杀中兀立的林木间奏响悲壮!
野熊也如同巨大的山丘般蹲踞着,
　　姿势中潜伏着扑杀搏噬。
凛冽的北风中夹杂着的
　　是虎豹的凄厉。
大雪纷纷洒落,
掩埋着高山下的溪谷。
而这原本该是山民聚居的洼谷中
　　却见不到房屋。
举目遥视那望不见的远方啊,
远行总是在人心底酝酿惆怅。
心中的郁郁沉沉何以久久徘徊不去?
是否对东方故土的一念牵挂
　　桎梏着我北上的脚步?
啊,我何以面对眼前残酷的艰难?
没有桥梁的深涧

何由可渡；
惶乱间又常常会迷失来路，
在无奈的黑暗中栖宿于林莽间
是怎样的滋味啊！
明日长长的行军，
我们又将在与崎岖和时间的较量中
去咀嚼疲困和饥渴，
我们将背负笨重的行囊，用铁斧
伐来木柴，并斫开
坚厚的冰层，
用小米和山泉，填充辘辘饥肠。

是什么时候，这《东山》之章
涌上我的喉间？
何时何日，我将重赋《东山》的
悲怆与慷慨呢！

步出夏门行[1]

艳

原文

云行雨步，超越九江之皋。[2]
临观异同，心意怀游豫，不知当复何从。[3]

经过至我碣石[4]，心惆怅我东海[5]。

注释

1 本篇又称为《陇西行》，属《相和歌·瑟调曲》，为乐府旧题。夏门是洛阳北面的城门，汉名夏门，魏晋名大夏门。曹操此篇所咏内容及其格调，为旧词所无。是以古乐府写时事的篇章。

建安十二年(207)，曹操北征乌桓。乌桓是当时中国东北边境的一个游猎民族，东汉末，辽西郡大人丘力居部助袁绍作乱。袁绍败后，余部投乌桓。为平定北方，建安十二年五月，曹操率师北征。这次战争，曹操军获得全胜。九月，回师。此诗大约作于这次凯旋之后。

诗分四章，第一部分《艳》为序曲。曹操北进途中曾经为大水所阻，这一段表达了由于军中意见纷纭和大水阻路而产生的惆怅心情。

以下是第一章《观沧海》、第二章《冬十月》、第三章《河朔寒》、第四章《龟虽寿》。

2 **“云行雨步”二句：**云行雨步，云雨之来。步，犹说走，指雨下。雨点称雨脚，故雨下称为“步”。九江，在洛阳夏门附近。皋，水边高地。这两句写洛阳大雨。曹操于建安十二年夏出兵之前，可能曾到洛阳，此写当时实况。

3 **“临观”三句：**临观，临战考察。异同，指当时军中对北征乌桓还是南击刘表持议不一。据《魏志》：曹操召部下议北征事，诸将皆虑刘备乘机袭许而主张对刘表用兵。唯郭嘉认定刘表不过一“坐谈客”，必不能信用刘备，力劝曹操北征乌桓。游豫，同“犹豫”。《魏志·武帝纪》注引《曹瞒传》说：曹操征乌桓虽以全胜，班师后却厚赏当初劝阻北征的人。因为他自己认为这次出兵是“乘危以微幸”（冒险以图侥幸），决策时是有犹豫的。这三句说：临战考察，听了对立的意见，心怀犹豫，难以决断。

4 **碣石：**指碣石山。

5 **东海：**指渤海。

译文

云神和雨师的巨足

跨过了九江之岸，天地间一片茫茫。

我心意的茫然，

却是出于临战的犹疑。

众议纷纷，

我将何从？

哦，我看到你了，我的碣石，

我的心潮已随你动荡，我的东海！

观沧海

原文

东临碣石，以观沧海。[1]

水何澹澹[2]，山岛竦峙[3]。

树木丛生，百草丰茂。

秋风萧瑟[4]，洪波涌起。

日月之行，若出其中；

星汉灿烂，若出其里！[5]

幸甚至哉，歌以咏志。[6]

注释

1 **“东临”二句：**是说登临碣石，东向而望大海。沧海，大海。“沧”通“苍”，指海水深暗的绿色。

2 **澹澹：**水波动荡的样子。

3 **竦峙：**高高地矗立。竦，高耸。峙，矗立。

4 **萧瑟：**秋风吹动草木发出的声响。

5 **“日月”四句：**这里表现的是一种幻觉式的联想。意思是说沧海之大仿佛包孕着整个宇宙，日月星辰的运行似乎都出于大海之中。所以清代沈德潜赞叹此诗有“吞吐宇宙气象”。其，指沧海。星汉，星斗，银河。

6 **“幸甚”二句：**这是两句祝颂的话，意思是说：何其有幸啊，我们能以歌唱抒发自己的心志。一般认为，这是合乐时所加的唱词，内容与正文并无关联。

译文

我感到，自己就像脚下的碣石山一样
　　面对着你——
　　　　苍郁深邃的、不可思议的大海！
我望着你。
是我在望着你吗？
是你在我的眼中，还是
　　我在你的心里？
你在动荡——那就是
　　宇宙本身在动荡，
那耸立的小岛，
那丰茂的百草，
都是你的生命无所不在的显现吗？
为什么不是呢？
那些渺小的天体的运行，难道不是
　　在你无垠的空间里、
　　　　你无垠的动荡里显现吗？
那日月星河的光耀，难道不是
　　你无所不具的天性的闪烁吗？
让我们虔诚祝诵：
何其有幸，能够以歌诗来礼赞不朽！

冬十月[1]

原文

孟冬十月，北风徘徊。[2]
天气肃清，繁霜霏霏。[3]
鹍鸡晨鸣，鸿雁南飞。
鸷鸟潜藏，熊罴窟栖。[4]
钱镈停置，农收积场。
逆旅整设，以通贾商。[5]
幸甚至哉，歌以咏志！

注释

1 曹操征乌桓后，九月自柳城南归，次年春抵邺城。此章所写的便是这一冬季途中所见。朱乾《乐府正义》："《冬十月》，叙其途路所经天时物候。又自秋经冬，虽当军行而不忘民事也。"

2 **"孟冬"二句**：孟冬，初冬，冬季的第一个月。古人分每季为孟、仲、季三月。徘徊，往复回旋，这里是形容北风盘桓不去。

3 **"天气"二句**：肃清，清冷。繁，浓密。霏霏，纷纭众多的样子，形容霜下得很厚。

4 **"鹍鸡"四句**：鹍鸡，鸟名，黄白色，红嘴长颈，状如鹤。鸷，鹰隼一类猛禽。窟，野兽栖居的洞穴。鹍鸡在清晨啼鸣，大雁南飞，鹰鸷潜踪，猛兽藏迹，都是鸟兽感节候之来，准备过冬的迹象。以上是写自然界冬季的景象。

5 **"钱镈"四句**：钱(jiǎn)，类似铁铲，古人用以平整土地和除草的农具。镈(bó)，除草的农具，类锄。"钱镈"泛指各种农具。逆旅，客店。"逆"是迎候接纳的意思。贾商，泛指商人。《周礼·天官·太宰》注："行曰商，处曰贾。"这四句写冬季人事的情景：农事已毕，农具都闲置起来。庄稼收获了，堆积于谷场；这时商业开始活跃，客店纷纷在整设料理，以供往来贸易的客商住宿。

译文

初冬的客人——

　　北风来了，

在道路和村落间

　　耐心执着地盘桓着。

浓霜，那阴郁的白色，

四处塑造着寒冷和清寂的面容。

大自然的戏剧，一年一度。

鹍鸡以清晨的高叫

　　留恋着一年中的美好和惬意。

鸿雁们以整齐的礼节在北方的寒风中退藏，

鸷鹰向林莽中的窠巢退藏，

熊虎向积雪遮蔽的窟穴中退场。

人们也将农具收藏起来，

连同场上丰收的谷物。

客商们来了，

与农人们交换着丰收和满足。

客栈也在欣慰中亢奋起来，

迎来送往，如此繁忙。

河朔寒[1]

原文

乡土不同，河朔隆寒。[2]

流澌浮漂[3]，舟船行难。

锥不入地，蘴藾深奥。[4]

水竭不流[5]，冰坚可蹈[6]。

士隐者贫，勇侠轻非。[7]

心常叹怨，戚戚多悲。[8]

幸甚至哉，歌以咏志。

注释

1 本章又题为《土不同》，描写黄河以北地区的自然环境和民情风俗。

2 **“乡土”二句：**乡土，统指一地的地理自然环境和风俗人情。河朔，黄河以北地区。隆寒，严寒。一作“隆冬”。此二句意思是说，一地有一地的乡土，而河朔地区的乡土特征是严寒。

3 **流澌：**水面上漂浮流动的冰块。

4 **“锥不”二句：**葑（fēng），芜菁，又名“蔓菁”，蔬类植物，俗呼为“大头菜”。藾（lài），野生的蒿类植物。奥，积聚。这两句说：这里的地被冻得坚不可入，连锥子都刺不进去。田野里长满了蒿草和蔓菁。

5 **水竭不流：**《三国志》注引《曹瞒传》：“时寒且旱，二百里无复水，……凿地入三十余丈乃得水。”当时经过的路途很长，“流澌浮漂”“水竭不流”“冰坚可蹈”数语所记并非同一地区的景象。

6 **冰坚可蹈：**水面上凝结了坚厚的冰层，人可以放心地在上面行走。蹈，踏，踩。

7 **“士隐”二句：**士，指河朔居民。隐，忧虑，痛心。轻非，轻易做不该做的事（即非法行为）。这两句说：河朔人常为穷困而忧痛，他们武勇强悍，动辄轻易做违法越轨的事。《史记·货殖列传》说，燕人“雕捍少虑”。

8 **“心常”二句：**写作者对于河朔民风的慨叹伤嗟。

译文

果然是——“乡土不同”，

每到一地，那意想之外的风情

常令你诧叹！

就如眼前这河朔之域吧，

能够描述它的，仿佛只有这
　　广袤而苍劲的严冬！
那像猛兽巨鲸奔突冲撞
　　于水面的，
是冰河上的流澌。
它们足以吓退
　　试图在冬季航运的任何操舟者。
在河朔的冻土上，
“锥刺不入”便不再是对付童稚之智的
　　夸夸其谈，
孤守于冬季的土地上的野蒿和蔓菁，
也在寒冰的意志下
　　改变了姿态。
黄河，已不能唤起
　　关于它的真实概念，
它的有关“水”的意义已全部消失。
行人们无意分辨，
脚下的道路
　　原是一条断流的巨河，
还是官修的通衢。
一条封冻的固体的河流也同
　　康庄大道没什么两样。
在这里，赤贫
　　便如同这酷寒一般
　　　　塑造着一切，
它使得人心饥饿、粗砺。
狂桀、凶顽、勇悍、任侠，

即是这人间酷寒的形象。
人们动辄越法悖礼,
在理智的洪荒之渊
　　听得见礼法的声音吗?
同样,
我的唏嘘伤嗟,我的忧戚悲怨,
也只能无声地
　　投入这人性的无底冰川。

龟虽寿[1]

原文

神龟虽寿,犹有竟时。[2]
腾蛇乘雾,终为土灰。[3]
老骥伏枥,志在千里;
烈士暮年,壮心不已。[4]
盈缩之期,不但在天,
养怡之福,可得永年。[5]
幸甚至哉,歌以咏志。

注释

1 这一章抒写诗人对人生的哲思和壮怀,高扬人的生命意志。

2 **"神龟"二句:**神龟,古人以龟为通灵而长寿的介类,神龟是龟类中最具灵性的一种。《尔雅·释鱼》郭璞注,说它体长一尺二寸,甲纹呈现日月星辰山川之形。《庄子·秋水》:"吾闻楚有神龟,死已三千岁矣。"竟,完结,此指死亡。这两句意思说,尽管神龟能活到令人难以想象的寿数,然而终究有尽。

3 **"腾蛇"二句:**腾蛇,又作"螣蛇",是龙类的神物,传说能兴云乘雾。《韩非子·难势篇》:“飞龙乘云,腾蛇游雾,云罢雾霁,而龙蛇与蚓蚁同矣。”这两句说:即使像腾蛇那样神异旺盛的生命,也不免于死亡,化为尘土。

4 **“老骥”四句:**骥,千里马。枥,养马的处所,犹马厩。烈士,重义轻生、激扬奋发、有壮志雄图的英烈之士。暮年,晚年。不已,不止息。这四句,前两句为后两句的比兴。意思是说:有如良马虽垂老伏枥却仍旧怀藏千里之志一样,壮烈之士即使在晚年,心中的意气雄图也不会消磨,生生不已。

5 **“盈缩”四句:**盈,满。缩,亏损。盈缩,古语中用指进退、成败、升降、祸福等,此处似指寿命的长短久暂。养怡,“怡”犹“和”,此言修养平和之气,免为利欲伤神。这四句说,人的寿夭否泰,不仅仅决于天命,如能适宜地调养身心,也能长寿。

译文

传说那东海之中,
法天象地、背有五色玄纹的神龟啊,
竟能遨游三千个春秋;
那么,又是否有哪一只灵物能再越过
　　造物者所划定的
　　　　这一限数呢?
还有那传说是
　　以孕育天地之灵的云气为生命的腾蛇,
恐怕那生命之雾
　　终究也是要散的啊。
我相信
　　永远不会消散的
　　　　是人之灵,人的意念之精魄!
那默默地立在枥前咀嚼着刍豆的
　　是一匹老马,

不过,你会在它眼光的后面,
看到一日驰骤于千里之外的激越!
千里之骥——
　　人们不是从永恒精神的意义上这样称说的吗?
同样,衰老甚至死亡也绝不会消解
　　一位刚烈之士
　　　　的存在,
他高蹈笑傲于宇宙真宰之上的,
是那自我生成、生生不已的意志之精!
更何况,
即便是附于躯壳的有形生命,
也不必那么唯懦唯谨地惶恐于
　　造物者的喜怒奢吝,
怡养天和,善自珍摄,
谁又说不能就此与真宰同行,
久视长生!

短歌行[1]二首

其　一

原文

周西伯昌[2],怀此圣德。
三分天下,而有其二。[3]

修奉贡献，臣节不坠。
崇侯谗之，是以拘系。[4]
一解

后见赦原，赐之斧钺，得使征伐。[5]
为仲尼所称。
达及德行，犹奉事殷。
论叙其美。[6]
二解

齐桓之功[7]，为霸之首。
九合诸侯，一匡天下。[8]
一匡天下，不以兵车。
正而不谲[9]，其德传称。
三解

孔子所叹，
并称夷吾，民受其恩。[10]
赐之庙胙，命无下拜。
小白不敢尔，天威在颜咫尺。[11]
四解

晋文亦霸，躬奉天王[12]。
受赐珪瓒，秬鬯彤弓。
卢弓矢千，虎贲三百人[13]。
五解

威服诸侯，师之者尊。
八方闻之，名亚齐桓[14]。
河阳之会，诈称周王，
是其名纷葩。[15]

六解

注释

1 短歌行，乐府曲调名，属《相和歌·平调曲》。曹丕《燕歌行》："短歌微吟不能长。"可见"短"可能指歌声长短而言。 本调是用在宴会上歌唱的，因而曹操诗有"对酒当歌"云云。

本篇第一首，咏叹周文王、齐桓公等前代君主的功业，赞赏他们"以大事小"，始终尊奉正统王室的忠诚谦逊精神，与《善哉行》等篇章一样，都有表白自己尊奉汉室并无异心的含义。

2 **周西伯昌：**周文王姬昌。殷王曾任命他为西方诸侯的首领，称为西伯。

3 **"三分"二句：**郑玄《诗谱》："纣又命文王典治南国江、汉、汝坟之诸侯，于是三分天下而有其二，以服事殷。"当时中国共分九州，而文王拥有六州，所以说三分天下有其二。

4 **"崇侯"二句：**崇侯，殷代崇国诸侯，名虎。他对殷纣王说："西伯积善累德，诸侯皆向之，将不利于帝。"纣王听信谗言将周文王囚禁在羑里（今河南汤阴）。

5 **"后见"三句：**赦原，赦免。钺，大斧。天子赐斧钺，表示授予征伐的权力。据《史记》：文王被囚后，他的部下向纣王献良马、美女，纣王便赦免文王并赐斧钺。

6 **"为仲尼"四句：**仲尼，即孔子。《论语·泰伯》："三分天下而有其二，以服事殷，周之德可谓至德也已矣。"曹操用以表明自己虽然强大，仍将像周文王服事殷一样尊奉汉室。

7 **齐桓：**齐桓公，姓姜，名小白。他任用贤相管仲，改革政治，国家得以强盛。他以"尊王攘夷"号召诸侯，成为春秋五霸之一。

8 **“九合”二句:**合,会盟。齐桓公曾多次召集诸侯会盟。 **一匡天下:**匡,匡正。齐桓公吞并十国,齐国成为当时华夏各国中最富强的国家。齐桓公又联合诸侯北拒楚国,南御戎狄,对当时天下大势有重要的影响。

9 **正而不谲:**这是孔子赞扬齐桓公的话,见《论语·宪问》。意为正派而不欺诈。谲,欺骗,诡诈。

10 **“孔子”三句:**夷吾,管仲名夷吾,字仲,颍上(颍水之滨)人,春秋初期政治家,齐桓公卿。民受其恩,《论语·宪问》记孔子言“管仲相桓公,释诸侯,一匡天下,民到于今受其赐”。

11 **“赐之”四句:**庙胙,祭祀用的胙肉。小白,齐桓公名。颜,脸面,眼前。咫,八寸。据《左传·僖公九年》:周襄王派人赐给齐桓公胙肉等物,并传话说因齐桓公年老,不必到堂下拜谢行礼。齐桓公说:“天威不违颜咫尺(天子的威严就在眼前),小白余敢贪天子之命,无下拜?”坚持拜谢。

12 **晋文:**晋文公,姓姬,名重耳。曾出逃十九年,后回国为晋君。他也以“尊王”号召诸侯,并大胜楚军,继齐桓公之后成为霸主。 **躬奉:**亲自侍奉。

13 **“受赐”四句:**珪瓒,祭祀用来舀酒的器具,玉制有柄,形如勺。秬鬯,祭祀用酒,以黑黍香草制成。卢,黑色。虎贲,武士,天子的警卫。《左传·僖公二十八年》:晋文公打败楚国,献俘于周天子,天子命他为伯,并赐予珪瓒等物。

14 **亚:**次于。

15 **“河阳之会”三句:**据《左传·僖公二十八年》:这一年,晋文公在河阳(今河南孟州西)会盟诸侯,为增强其号召力,并召请周天子参加。但以臣召君是不合礼法的,于是诈称周襄王在河阳狩猎,偶然遇到会盟而参加。这就是所谓“诈称周王”。其名纷葩,对晋文公的名声议论纷纷。

译文

他的名号——西伯,就已经意味着

“三分天下而有其二”这一事实,

而真宰同时又慷慨地赐给他

与他的疆土和权柄相应的

圣者之德。

他带着天下的三分之二，
对殷王朝的名号
　　躬行臣节，
年年奉上足多的贡献
　　与忠诚。
而一切忠诚总不免会成为
　　为谗言而陈设的靶子，
西伯姬昌于是作为崇侯毒箭下的牺牲，
被投进羑里的木栅。

一解

所幸倒是由殷纣的贪婪和昏昧
　　赦免了忠贞，
并且将更高权力的象征也赐给他。
而西伯始终敬畏那
　　赋予他权力的权力，
持仗斧钺，为天子的天下驱驰征伐。
古代贤哲的赞叹，便是如此
　　向后人诠释
　　　　忠诚的内涵。

二解

齐桓的名字，被置于"霸主"之上
　　才变得响亮，
它集中了"九合诸侯"盟誓大会上千万个嗓音的
　　同声呼喝。

天下向顺，
挥斥山河，
不以兵车，
而以德化。
不以谲诈，
而以正气。

三解

与其说，孔子所称叹的
　　是齐桓的霸业，
毋宁说是齐相管仲的为人。
后世亿万齐人所领受的福荫，
无不是出于这位贤相之赐。
没有他，齐桓公那种圣贤般的谦逊
　　也是难以想象的：
天威在颜！
接受天子赏赐时，
他坚持以老年人的屈膝跪拜、
　　普通臣民的恭顺，
虔敬地回答了周天子对一位威赫霸主的
　　尊重。

四解

躬奉天王，晋文公成为又一个齐桓，
象征尊贵的珪瓒、秬鬯，
象征武勇的彤弓、卢弓
　　与三百虎贲，

受赐于天子的这些荣耀是他烈烈功勋的装饰。

五解

晋文的事业曾如日中天，

晋文的声名本足与齐桓并传。

天下畏服，

诸侯效慕，

对这一切的无厌的谋求却铸成致命的错误。

当他试图再向上攀跃一步——

　　越过天子的位置，

他在历史和人心之中

　　就只留下一个很容易被忘记的名字。

六解

其　二[1]

原文

对酒当歌[2]，人生几何！
譬如朝露[3]，去日苦多[4]。
慨当以慷[5]，忧思难忘。
何以解忧？唯有杜康[6]。
青青子衿，悠悠我心。[7]
但为君故，沉吟至今。[8]
呦呦鹿鸣，食野之苹。
我有嘉宾，鼓瑟吹笙[9]。
明明如月，何时可掇[10]？
忧从中来，不可断绝。

越陌度阡，枉用相存。[11]

契阔谈宴，心念旧恩。[12]

月明星稀，乌鹊南飞，

绕树三匝，何枝可依？[13]

山不厌高，海不厌深。[14]

周公吐哺，天下归心。[15]

注释

1 本篇强烈抒发了命如朝露、人生苦短的生命感喟与人主思贤、以成大业的急迫情怀，是曹操诗歌的代表性作品。

2 **当：**与“对”同义，面对着。一说作“应当”解。

3 **朝露：**比喻人生极其短促。

4 **去日苦多：**去日，已逝的岁月。苦，动词，苦于，苦恼于。

5 **慨当以慷：**“慷慨”的颠倒间隔用法，“当以”无实义。

6 **杜康：**相传为酿酒术的创始人，后以其名代指美酒。

7 **“青青”二句：**出于《诗经·郑风》：“青青子衿，悠悠我心，纵我不往，子宁不嗣音？”原诗写一位女子对情人的思念，曹操借以表达自己对贤才的渴望。青衿（衣领），周代学生衣领为青色，后代以青衿代指学生，此处用指贤才。悠悠，长久，形容思念难忘。

8 **“但为”二句：**但，只。君，指所思慕者。沉吟，深思低吟。

9 **“呦呦”四句：**这是引用《诗经·鹿鸣》中的成句。呦呦，鹿叫声。苹，藾蒿。鹿一旦找到藾蒿便呼唤同伴共食，比喻主人对宾客的邀请。后两句写对嘉宾的热情款待。

10 **掇：**拾取。

11 **“越陌”二句：**阡陌，田间小路。东西向为陌，南北向为阡。枉用，谦词，空劳。存，问候，拜访。汉谚“越陌度阡，更为客主”，曹操用以表达客人远道来访之意。

12 **契阔：**原意为聚散，此用偏义，指久别。**谈宴：**交谈饮宴。**旧恩：**旧时情谊。

13 **“月明”四句**:清陈沆释曰:“鸟则择木,木岂能择鸟? 天下三分,士不北走,则南驰耳。分奔蜀、吴,栖皇未定。”匝,圈。

14 **“山不”二句**:《管子·形解》:“海不辞水,故能成其大;山不辞土,故能成其高;明主不厌人,故能成其众。”比喻招揽人才多多益善。

15 **“周公”二句**:周公,姓姬,名旦,周武王之弟。武王死后,姬旦摄政,辅佐成王,使西周昌盛。儒家奉为圣人。吐哺,吐出嘴里的食物。《史记·鲁世家》记周公语:“我一沐三握发,一饭三吐哺,起以待士,犹恐失天下之贤人。”即中止沐浴、吃饭来接待贤人。曹操以周公自比,表示自己要谦恭下士,以使天下人归心。

译文

当卮酒浇酹在你那不解的忧结上,
你必用歌唱来倾吐出
　　这难以吞咽的浇酹。
唯在此时,
我们才不惮于直问:
我们自身——这大千世界中浮游着的一尘,
究竟是如何?
它如此混沌,不可参省,
又如此有限,狭小促迫。
如果它是晨曦照临下
　　草叶上一抹稀薄的露滴,
谁敢逼视
　　它所附托的这一个冷酷的早晨,
又已经被那不息的逝水消减了几多!

生生咽下对已逝的抚触,
壮烈之士义当慷慨!

然而，假如慷慨仅仅来自对忧结的漠视或者规避，
那么，须臾间它便反为忧结的巨影所消蚀。

人们何以爱用杜康的睿智
　　来浇沃心田，
由于它仿佛能让人在转瞬间抛却一切牢愁。
不过，“忘却”能称为“解忧”吗？

长使我念念在心的
　　是你素洁的青衿，
我尝夙夜不寐，辗转反侧，
反复沉吟着——你的姓名。

或许有一天，我呦呦呼唤的恳诚
　　终会招来你高贵的脚步，
你群鹿之中的荦荦超群者。
我将奏响一切能够发声的乐器，
奏响我对嘉宾的灼灼热忱！

你的身影有如朗月，昭昭在天，
而我却只能是地上的仰望者，
等候、企盼和呼唤着你的清辉，
以我的朝露般渐渐晞逝的生命以及
　　对渐渐晞逝的朝露的孜孜忧郁。

或许哪一天，清光降临，
忽然你跋山涉水、历尽苦辛而来！

为酬答我的企盼以及

　　旧时的友谊。

久别的每一个日夜，

只会增添我们谈宴的极乐！

朗月疏星，

乌鹊那惶惶的身影

　　是向着南方吗？

但是为什么，

她在那株大树周围

　　再三低回，

而后又高傲地

　　飞开？

世之明主，

当如崇山，

当如沧海。

高耸于每一抔黄土的累积，

渊深于每一条溪水的汇聚。

当周公一次次吐出口中的饭食，

拧干浴沐中的湿发，

以礼接待每一领青衿，每一道清光，

每一声鹿鸣，每一只乌鹊，

他是在试图包容

　　整个天下。

却东西门行[1]

原文

鸿雁出塞北，乃在无人乡。[2]
举翅万余里，行止自成行[3]。
冬节食南稻，春日复北翔。
田中有转蓬，随风远飘扬。
长与故根绝，万岁不相当。[4]
奈何此征夫，安得去四方？[5]
戎马不解鞍，铠甲不离傍。
冉冉老将至[6]，何时反故乡？
神龙藏深泉，猛兽步高冈。
狐死归首丘，故乡安可忘！[7]

注释

1 本篇为《相和歌·瑟调曲》歌辞。余冠英释本题曰："乐府有《东门行》《西门行》，又有《东西门行》。《东西门行》大约是合并《东门行》和《西门行》的调子。曹操此题作《却东西门行》，后来陆机又有《顺东西门行》，'却'和'顺'有人以为是倒唱和顺唱之别，这些都是乐调的变化。"

2 **"鸿雁"二句：**出，出于。这两句意为：鸿雁出于杳无人迹的塞北地区。

3 **"行止"句：**行止，飞行与栖息。这句是说：鸿雁的飞行和栖止，都是井然有序的。

4 **"田中"四句：**蓬，植物名，多年生草本，菊科。茎高尺余，叶似柳而小，秋季开花,黄色。《俾雅》:"蓬,末大于本,遇风辄拔而旋。"古人因而称之为"转蓬"或"飞蓬",常用以比喻人远离故土,漂泊无定。故根,原来的植根。相当,相遇。这四句说:田间的蓬为风拔起,飘飞于远方,与自己的根柢断离,永远不得会合。飞蓬的永离故根与上文鸿雁的终究返北形成反照,并且作为下文征夫远戍望乡的比兴。

5 **"奈何"二句:**奈何,如何。去,离开。这两句说:征夫们如何才能离开遥远的他方归回故土呢?

6 **冉冉:**渐渐地。

7 **"神龙"四句:**深泉,黄节《魏武帝诗注》:"'泉'当作'渊',避唐讳改。"丘,狐的窟穴。首,动词,头朝着。"狐死首丘"是古代谚语。《礼记·檀弓》:"古之人有言曰'狐死正丘首',仁也。"孔疏:"所以正首而向丘者,丘是狐窟穴根本之处,虽狼狈而死,意犹向此丘。"龙潜于深渊,虎步于高冈,狐死而首丘,都是固守本土或依恋旧乡的意向,而征夫望乡的期待却得不到任何回应。

译文

在罕绝人迹的塞北穷荒,
那是大雁们辽远的故乡。
万里行程,负于它们的双翅,
众心如一,井然有序,无论飞行或休憩。
酷寒的冬季,向南方的田野寻求生命的庇护;
春回日暖,这空中之旅毅然掉头向家园迁徙。
而那原本生于大地的可怜的蓬呢,
头重脚轻,漂泊的命运已在生前注定。
因风而起,随着风的意志远去,远去……
与自己的本根和土地的第一次告别,
就成了永远。
这不正是那羁留于四方的征夫吗?

无情的战事把他们的命运系结在四野八荒。
与他们终身相守的，
是冰霜似的铁甲、刀戈、鞍鞯。
已经是第几个春秋了？一个人又能拥有多少次寒暑呢？
唯有这茫然的一问始终不泯：故乡的重逢将在哪一次雁归？
无底的深潭是神龙的故乡，
巍巍山林是猛虎的故乡。
狐狸身死，灵魂尚会回归故乡，
而终身颠沛的征夫啊，
又岂会忘记故乡！

气出唱[1]三首

其　一

原文

驾六龙[2]，乘风而行。
行四海外[3]，路下之八邦[4]。
历登高山临溪谷[5]，
乘云而行，行四海外。

东到泰山[6]，
仙人玉女，下来翱游[7]。
骖驾六龙[8]，饮玉浆。

河水尽，不东流。[9]

解愁腹，饮玉浆，奉持行[10]。

东到蓬莱山[11]，上至天之门。

玉阙下[12]，引见得入，

赤松相对[13]，四面顾望，视正焜煌[14]。

开玉心正兴[15]，其气百道至[16]。

传告无穷闭其口，但当爱气寿万年。[17]

东到海，与天连。

神仙之道，出窈入冥[18]，常当专之。

心恬淡[19]，无所愒欲[20]。

闭门坐自守[21]，天与期气[22]。

愿得神之人，乘驾云车，骖驾白鹿。

上到天之门，来赐神之药。

跪受之，敬神齐[23]，

当如此，道自来。

注释

1 曹操晚年，事业未竟，暮景将临，常常产生沉重的人生感慨，他在诗歌中遨游仙境，拜谒神人，幻想长视久生。本篇与《精列》《陌上桑》《秋胡行》，大约都是晚年这种心境的写照。《气出唱》三首，均写仙境之游。

《气出唱》，乐府曲调名，属《相和歌·相和曲》。

2 **六龙：**传说太阳神乘车巡行天空，以六龙驾车。

3 **四海：**古人认为中国四周皆由大海所环绕，因此称国内为海内，国外为海外。行四海外，即是说到中国以外的幻想世界去遨游。

4 **路下之八邦：**路，指通向天外的路。八邦，《吕览》"东夷八国"，八邦即东夷八国，这里指中国东部。

5 **历：**遍。

6 **泰山：**在今山东泰安北，五岳之东岳。

7 **翱游：**同"遨游"。

8 **骖：**古代拉车用三匹或四匹马，中间的叫"服"，两旁的叫"骖"。这里用作动词，驾驶。

9 **河水尽，不东流：**河指黄河。黄河枯竭，有暗喻人寿有尽的意思。

10 **奉：**捧着。

11 **蓬莱山：**《汉书 · 郊祀志上》："自威、宣、燕昭使人入海求蓬莱、方丈、瀛州，此三神山者，其传在勃海中。"蓬莱即海上三神山之一，传说山上有神仙及不死药。

12 **玉阙：**仙人所居的宫殿。阙，宫门外的望楼。

13 **赤松：**即赤松子，古代传说中的仙人，相传为神农时代雨师。

14 **焜煌：**光彩明盛。

15 **开玉心：**开，开明星，即木星。玉，玉井，参星下的四颗小星。心，心宿，二十八宿之一。

16 **气：**星的精气。

17 **"传告"二句：**传告，传授。无穷，指仙人所传的无穷之道。气，人的元气，道家主张要咽下津液，认为可以此保持元气。

18 **出窈入冥：**出入精深幽玄之道。窈冥，喻事物深奥难明。

19 **恬淡：**安适清静。

20 **惕：**贪。

21 **守：**保守精气。

22 **天与期气：**自然之气和人的元气相契合。

23 **齐：**肃敬。

译文

猎猎的罡风从我耳边呼啸而过，

这六乘苍龙所曳引的云车是如此驰骤！

倏忽间这惊人的天足已达于苍苍四海之外，

俯视云中之路，
还是先降临这东方的福地吧。
我的心臆已随天风起伏飘游，
遍历高山幽谷。
乘云而行，行四海外！

我已驻足于东方泰山！
那五色云中翩翩而至的，不是
　　云霞似的玉女吗？
那同来的诸神
　　下来共作逍遥之游。
风声中的六乘神龙，
你要更将我载往何处？
我这里已领受天赐的玉浆琼酒。
它真是一道永不涸竭的灵泉之源啊！
我要以它浇酹。
那下界黄河的断流处，
我体魄中的水泉，
也将因此而活跃周流。
或许何时还会感受到黄河的
　　有时而尽呢？
我须长久地高举着
　　捧持灵泉之手。

我已望见海中的蓬莱！
我的心魂，已叩响那至高的天门。
随着天风接引，上至玉阙。

原来亿万年前的赤松子，
竟是这般形象！
我恭肃狭小的视线，禁不住
　　万道天光的逼迫，
那是开明
　　玉井
　　　　心宿……
不觉自身已和那不可抗拒的强烈
　　一道化作
　　　　光气。
我以无形的心灵
　　承受着仙人无声的声音，
传告我无穷妙谛。
令我无言
　　以化运元气，
便可与
　　天道同在。

我已投身于无垠的东海，
我已投身于
　　浮漾在东海的无垠中的天宇！
神灵与人灵
　　正在此中遇合。
窈冥无际，
恬淡无心，
虚静宁定，
通向你自身的宇宙，

却也正是

宇宙自身！

这时你无所不见的眼将看到：

列列仙人，飘飘云车，和那

驂服行空的白鹿

冉冉升至天门。

你将俯伏

接受那

不死之药。

心诚礼敬。

要知道，并不是你用世俗的双手

接受了永恒，

天道的不朽

仅仅为不朽的灵魂所感应。

其　二

原文

华阴山[1]，自以为大[2]，
高百丈，浮云为之盖[3]。
仙人欲来，出随风，列之雨。
吹我洞箫[4]，鼓瑟琴，何誾誾[5]！
酒与歌戏，今日相乐诚为乐。
玉女起，起舞移数时。
鼓吹一何嘈嘈！
从西北来时，仙道多驾烟，
乘云驾龙，郁何蓩蓩[6]！

遨游八极[7]，乃到昆仑之山[8]，
西王母侧[9]，神仙金止玉亭[10]。
来者为谁？
赤松王乔[11]，乃德旋之门[12]。
乐共饮食到黄昏。
多驾合坐，万岁长，宜子孙。[13]

注释

1 **华阴山：**又名泰华山，即今华山。在今陕西华阴南，五岳之西岳。传说为仙人所居。

2 **自以为大：**天生高大。自，本来。

3 **盖：**古代专用于车上的伞，遮蔽日光风雨。绸制。

4 **洞箫：**箫管下端无底的称洞箫。

5 **訚訚：**音调和谐。

6 **郁何蓩蓩：**郁、蓩蓩，都是形容盛大的样子。

7 **八极：**八方极远之地。

8 **昆仑：**古代神话中我国西部神山，传说为众仙聚居的地方。

9 **西王母：**神话传说的女神，为女仙之首，居昆仑山瑶池。

10 **金止玉亭：**金、玉指神仙所乘的车，止、亭，都是停留的意思。

11 **王乔：**即王子乔，古代传说中的仙人。

12 **乃德旋之门：**德、旋、门，都是星名。德星，即开明星。旋，北斗第二星。门，南门星。

13 **多驾：**指乘车马来的众神。 **万岁长，宜长孙：**这是众宾对主人的祝词。

译文

你华阴山！
如果不是你出自鸿蒙时
　　就是作为“伟大”本身的

形象浮现，
你何以会这样
令人不可仰望，
不可逼视，
不可思议！
人间找不到
丈量你的
尺度，
只有浮云，作为你的华盖，
将你同至高的太阳，相互隔开。
众神从阳光中出来，
那阊阖的天籁
是他们身旁的风声、雨声，
还是
我奏响的洞箫、琴瑟？
抑或是氤氲中
众声的交响和鸣？
琼浆、笙歌与怡悦
融合成真正的欢快！
玉女起舞的旋律
是行动着的欢快，
嘈嘈的鼓吹之声
是鸣叫着的欢快！

那是从西北而来的众神，
烟霞、云霓和若隐若现的矫矫苍龙，
烘托着那行列的盛大。

剎那间，我已随烟云遍历八极，
至于昆仑。
烟云雾霭，纷纷降息
　　在西王母的玉驾之侧。
上方翩翩而至的，
是赤松，王乔，德星、旋星、门星星君……
这里举行着
　　永恒的欢宴。
无终无止的欢乐中，
众仙纷纷起坐称觞：
万寿无疆！子孙绵长。

其　三

原文

游君山[1]，甚为真[2]。
磪嵬砟硌[3]，尔自为神[4]。
乃到王母台[5]，
金阶玉为堂，芝草生殿旁[6]。
东西厢，客满堂。主人当行觞[7]：
坐者长寿遽何央[8]，长乐甫始宜孙子[9]。
常愿主人增年，与天相守。

注释

1 **君山**：洞庭湖中名山，在今湖南岳阳西南。《水经注》："是山湘君之所游处，故曰君山。"湘君，湘水水神。又《博物志》云："君山上有美酒数斗，得饮者不死。"

2 **真**:真诚。
3 **礧磈岝硌**:山势高大而错落不平。
4 **尔自为神**:山中自有神灵。
5 **王母台**:神话传说中西王母所居瑶台。
6 **芝草**:即灵芝,菌类植物。古人视为祥瑞的表征,传说食之可起死回生。
7 **主人当行觞**:主人当指西王母。行觞,劝酒。觞,古代酒器。
8 **"坐者"句**:坐者,指在座宾客。何央,何尽,即无尽。遽,助词。
9 **甫始**:刚刚开始。

译文

我用满眼的虔诚游历你,君山。
你这巨大、诡奇、错杂,
分明是你内在的神明所成就!
立于你的峰巅,便可遥遥眺望西方仙境,
携湘君之灵,倏然同往
　　王母瑶台。
步履云中的金阶,
抚摸砌下的灵芝,
隐约中望见众神济济,玉殿巍峨。
王母正怡然行觞:
"愿座中人永寿久久无尽,
长乐未央,
愿同样的祝颂延及
　　无穷后世。"
"愿主人年寿长增,
与天相守。"

精　列[1]

原文

厥初生，
造化之陶物，莫不有终期。[2]
莫不有终期！
圣贤不能免，何为怀此忧[3]？
愿螭龙之驾，思想昆仑居。[4]
思想昆仑居。
见期于迂怪，志意在蓬莱。[5]
志意在蓬莱。
周孔圣徂落，会稽以坟丘。[6]
会稽以坟丘。
陶陶谁能度？君子以弗忧。[7]
年之暮奈何，时过时来微[8]！

注释

1 本篇是乐府旧题，属《相和歌·相和曲》。精，人之灵，或云精气。古人把人的生命存在理解为人的精气的作用。列，通"裂"，分解。精列，即生命的衰竭或死亡。曹操以本题发抒了自己暮年的复杂情感。

2 **"厥初生"三句：**厥，代词，这里代指宇宙万物。造化，天地自然，古人意识中将自然运动理解为一个有意志的人格存在。陶，制作陶器，引申为创造化育。这三句说：自有生物之始，大自然的创造物，都有生命终结之时。

3 **怀此忧:**为生命终有尽时而忧患。

4 **“愿螭龙”二句:**螭(chī)龙,传说中无角的龙。昆仑,见《气出唱》其二注 8。这两句意思是:但愿能驾着螭龙,居于昆仑山。

5 **“见期”二句:**见期,期待着见到。迂怪,神灵怪异。据《山海经》,昆仑山有“虎身而九尾,人面而虎爪”的怪神,“迂怪”或指此。志意,心愿。蓬莱,见《气出唱》其一注 11。

6 **“周孔”二句:**周孔,周公姬旦和孔丘,是儒家尊奉的两位圣人。徂落,同“殂落”,死亡。会稽,山名,其主峰在浙江绍兴东南。相传禹东巡病死,葬于此山。坟丘,禹之坟墓,会稽有禹陵。这两句意为:即使圣人如周公孔丘,神人如禹,也终不免于死亡。

7 **“陶陶”二句:**陶陶,绵长久远的意思。弗,不。这两句说:古来岁月漫长,谁又能永世长存?因而君子不为死亡担忧。

8 **“时过”句:**这句中前一“时”字指已逝的岁月,后一“时”指未来的时日。微,少。这句意为:逝去的年华已多,来日苦少。

译文

谁不清楚地知道:
当万有之初,
造化向每一创造物注入生命的同时,
也就将必死的命运
　　给予了它。

必死的命运——给予了他!
即使洞彻过去未来、心与造化同游
　　的圣贤们
　　　　也不例外。
既如此,

你又为何将那深不可问的忧戚
　　郁结于心中。
何为忧戚!
我们一旦跨上那腾骧的巨螭,我们就
　　飞离了此在!
我将长留昆仑,长留那不死的西王母和东君之所居!

我将长留不死的西王母和东君之所居!
那虎身九尾的诡异之神,
将成为我登山的向导。
我将恣意漫游,远涉天极。
我的心意,已到于那海市蜃楼般的蓬莱!

我的心意,已到于那海市蜃楼般的蓬莱。
周公、孔丘,那圣灵的生命也无法拯救自身的殒落,
会稽山中,榛莽丛生之处
　　便是禹的坟丘。

会稽山中,便是禹的坟丘!
在无始无终的漫漫光阴里,
谁能长留宇宙?
先知天命的君子不必为天道运转的必然生忧。
要知道:即使是真宰本人,也无力挽回
　　垂垂向暮的年岁,
去岁不返,来日渐微!

陌上桑[1]

原文

驾虹霓[2],乘赤云,
登彼九疑历玉门[3]。
济天汉[4],至昆仑,
见西王母谒东君[5]。
交赤松,及羡门[6],
受要秘道爱精神[7]。
食芝英[8],饮醴泉[9],
拄杖桂枝,佩秋兰。
绝人事[10],游浑元[11]。
若疾风游欻飘飘[12],
景未移[13],行数千。
寿如南山不忘愆[14]。

注释

1 **陌上桑:**乐府旧题,属《相和歌·相和曲》。它原为民间歌谣,关于它的古词的来源说法不一。本篇当是曹操晚年所作,内容全为游仙,与古词内容无关。

2 **虹霓:**雨后天空出现的彩弧,常同时出现两个:红色在外、紫色在内、颜色鲜的称"虹",紫外红内、色浅的称"霓"。

3 **九疑:**又作"九嶷",一名苍梧山。在今湖南宁远县南。传说舜南巡,死于苍梧,葬九疑山。历,经过。 **玉门:**玉门关,在今甘肃敦煌西,为古代中国通往西方的孔道。

4 **济:**渡河。

5 **东君:**指东王公,神话中仙人。也称东华帝君,为男仙之首。又一说为太阳神,即屈原《九歌·东君》之日神。

6 **羡门:**羡门高,传说中仙人。

7 **"受要"句:**受要,请教学习,求取。 秘道,成仙和养生之道。爱,爱惜,保养。精神,指人的精气、元神。

8 **芝英:**灵芝的精华。

9 **醴泉:**甘美的泉水。

10 **人事:**一切俗间事。

11 **浑元:**大气,指自然界。

12 **欻飘飘:**形容风吹迅疾。

13 **景:**阳光。景未移,谓时间短。

14 **"寿如"句:**长寿如南山之久而不忘自己的过失。《诗经·小雅·天保》:"如南山之寿。"愆,过失。

译文

虹霓是我巨大的车轮,
赤云是我垂天的翅翼,
朝上九疑,
暮到玉门。
上渡天河之津,
下驰于昆仑之麓。
登瑶台,向西王母请求不死之药,
来扶桑,向东君询问太阳的行程。
与赤松子、羡门高交游,
请教吐故纳新、爱养精神,
究竟当如何实行。
掇食灵芝之精,

掬饮醴泉之水，
携桂枝以为手杖，
佩秋兰而作衣襟，
摒弃人间一切俗累贪欲，
逍遥于浑元至大之凌虚太空。
疾若狂飙，
飘若游云，
日影未移，
倏忽千里。
与天地相期，寿永无限，
却谨记勿忘，人间罪愆。

秋胡行[1]二首

其　一

原文

晨上散关山[2]，此道当何难！
晨上散关山，此道当何难！
牛顿不起[3]，车堕谷间。
坐盘石之上[4]，弹五弦之琴[5]。
作为清角韵[6]，意中迷烦。
歌以言志，晨上散关山。
一解

有何三老公[7]，卒来在我傍？
有何三老公，卒来在我傍？
负揜被裘[8]，似非恒人。
谓卿云何困苦以自怨，
徨徨所欲，来到此间？
歌以言志，有何三老公？

二解

我居昆仑山，所谓者真人[9]。
我居昆仑山，所谓者真人。
道深有可得，
名山历观，遨游八极，枕石漱流饮泉。
沉吟不决，遂上升天[10]。
歌以言志，我居昆仑山。

三解

去去不可追，长恨相牵攀[11]。
去去不可追，长恨相牵攀。
夜夜安得寐，惆怅以自怜。
正而不谲，辞赋依因[12]。
经传所过[13]，西来所传[14]。
歌以言志，去去不可追。

四解

注释

1 建安二十年(215)三月，曹操西征张鲁，“至陈仓，四月，公自陈仓以出散关”。《秋胡行》大约写于这个时候。曹操此时六十一岁了。三国鼎立之势已成,他感到进一步统一中国的艰难,同时“四时更逝去”,岁月逼人。在这两首诗里,他时而幻想游仙求寿,时而又以“爱时进趣”、圣贤德业自励,自我对话,表现出十分复杂的矛盾心理。

《秋胡行》,乐府旧题,属《相和歌 · 清调曲》。

2 **散关:**在今陕西宝鸡市西南。关建于岭上,名大散关,为秦蜀间咽喉要道,当时战略要地。

3 **顿:**疲劳已极而倒地。

4 **“坐盘石”句:**盘石,即“磐石”,巨石。《穆天子传》:“天子北征,至于胡,觞(饮宴)天子于盘石之上。”曹操当时代天子伐张鲁,有自喻之意。

5 **五弦之琴:**古乐器。《礼记 · 乐记》:“舜作五弦琴,以歌《南风》。”《南风》歌词是有关民瘼国事之忧的,作者暗用此意。

6 **清角:**古曲调名,传为黄帝所作。《韩非子 · 十过》:晋平公要求师旷为他演奏《清角》,师旷拒绝说:“今主君德薄,不足听之。听之恐将有败。”晋平公固请,师旷只得演奏。结果风雨大作,晋国大旱三年,赤地千里。这里,曹操有自命有德者之意。

7 **三老公:**三位神仙。一说指古代所设“三老五更”。《史记》记刘邦南渡平阴津时,新城三老董公劝说刘邦伐项羽,本篇或取意于此。

8 **揜:**指古代皮衣外面的罩衣,又名“裼衣”。

9 **真人:**道教称修炼得道者。

10 **遂上升天:**指真人升天而去。

11 **牵攀:**为人世俗念所羁绊,指自己不能忘怀功业。

12 **辞赋依因:**春秋时齐人甯戚,曾住齐国东门外,值齐桓公夜出,甯戚叩牛角而歌,齐桓公听到歌声,认为这不是寻常人,便任甯戚为卿。曹操用以表求贤之意。

13 **经传所过:**指经传上记载的往事。

14 **西来所传:**《史记 · 齐太公世家》:“桓公称曰:‘寡人西伐大夏,涉流沙,束马悬车,登太行,至卑耳山而还。’”曹操用以比喻自己西征。

译文

清晨仰攀散关山,
山道何其艰难!
清晨仰攀散关山,
山道何其艰难!
驾牛颠仆于道旁,
牛车已粉碎于深谷之下。
惘然之间,在盘石上拨响了我的
　　五弦琴,
《清角》之韵,伴随着我的
　　凄旷与疑惑。
长歌以述我志,
清晨仰攀散关山。

一解

何处的三位老人,
猝然出现在眼前?
何处的三位老人,
猝然出现在眼前?
异样的褐、裘和形貌
　　似乎不是寻常人所能有。
慈和地问道:
卿惶惶然来到此地,将有何求?
是怎样的苦恼困顿,
使你的琴声满含怨叹?
长歌以述我志,
何处的三位老人?

二解

我们被尘世称作真人，
高居在昆仑之巅。
我们被尘世称作真人，
高居在昆仑之巅。
修真之道虽说深奥幽玄，
却绝非不可窥探。
且遍访名山，游历天涯，
枕石而眠，
掬泉而饮。
当我犹疑沉吟之际，
三人已经杳然不见。
长歌以述我志，
我们高居在昆仑之巅。

三解

我的懊悔已追不上远去的神仙，
只留下愧恨，恨俗累牵缠。
我的懊悔已追不上远去的神仙。
只留下愧恨，恨俗累牵缠。
惆怅无已，辗转而自怜。
夜夜难以成眠。
不眠中又耿耿难忘：
齐桓正而不谲，
他凭着歌吟之声而遇到杰出的甯戚，
曾率师西来此地，亲征大夏，
名载经传。
长歌以述我志，

我的懊悔已追不上远去的神仙。

四解

其　二

原文

愿登泰华山[1]，神人共远游。
愿登泰华山，神人共远游。
经历昆仑山，到蓬莱，
飘摇八极，与神人俱。
思得神药，万岁为期。
歌以言志，愿登泰华山。

一解

天地何长久！人道居之短。
天地何长久！人道居之短。
世言伯阳[2]，殊不知老[3]；
赤松王乔，亦云得道。
得之未闻，庶以寿考[4]。
歌以言志，天地何长久！

二解

明明日月光，何所不光昭！[5]
明明日月光，何所不光昭！
二仪合圣化[6]，贵者独人不[7]？
万国率土，莫非王臣。[8]

仁义为名[9],礼乐为荣。
歌以言志,明明日月光。

三解

四时更逝去,昼夜以成岁。
四时更逝去,昼夜以成岁。
大人先天而天弗违[10]。
不戚年往,忧世不治。
存亡有命,虑之为蚩[11]。
歌以言志,四时更逝去。

四解

戚戚欲何念[12]!欢笑意所之[13]。
戚戚欲何念!欢笑意所之。
壮盛智惠,殊不再来。
爱时进趣[14],将以惠谁[15]?
泛泛放逸[16],亦同何为?
歌以言志,戚戚欲何念!

五解

注释

1 **泰华山:**即华山。

2 **伯阳:**老子的字。老子名李耳,楚国苦县(今河南鹿邑县东)人,为道家学派创始人。后世又奉为神仙。

3 **殊:**绝,极,根本。

4 **寿考:**长寿。考,老。

5 **“明明”二句:**这是以日月之光比喻帝王德政。

6 **二仪:**即天与地。 **圣化:**化育万物。

7 **贵者独人不:**难道不是只有人最为可贵吗?

8 **“万国”二句:**出于《诗经·小雅·北山》:“溥天之下,莫非王土;率土之滨,莫非王臣。”

9 **仁义为名:**以行仁义为本分。

10 **“大人”句:**大人,有德的人。先天而天弗违,出于《周易·乾卦·文言》。意为有德的人可预见天道,行事合于天道,不相违背。

11 **蚩:**无知,愚蠢。

12 **戚戚:**悲伤忧郁。 **念:**念头,欲愿。

13 **意所之:**随心意所至。

14 **进趣:**进取。

15 **惠谁:**施惠于谁。

16 **泛泛:**放任,漂浮。 **放逸:**放纵逸乐。

译文

我愿飞身登临那华山之巅,
与众神同游天外!
我愿登临华山之巅,
与众神同游天外!
路经巍峨昆仑,
飞至旖旎蓬莱。
飘摇遍历八极,
与众神一同翱翔。
愿得不死之药,
以万年为一朝夕。
长歌以述我志,
我愿登临华山之巅!

一解

天地之年何其无极！

人寿之数如此短浅。

天地之年何其无极！

人寿之数如此短浅。

人们说伯阳从不知老为何物，

又传说赤松与王乔飞升入道。

得道之说固然荒渺，

增寿享年或者可及。

长歌以述我志，

天地之年何其无极！

二解

朗朗日月之光，

何方不蒙照临！

朗朗日月之光，

何方不蒙照临！

天地交泰，育化万品，

万物之中，岂非唯人为灵？

万方之广域，无不为君王之土；

域中之万民，无不为君王之臣。

唯当以仁义之泽，

沐化万方；

以礼乐之教，

陶冶百姓。

长歌以述我志，

朗朗日月之光！

三解

春夏秋冬，更相循环，
日出月落反复推移。
大人能先知先行天道，
故而天道不违所愿。
不必忧戚年岁随日月寒暑而逝去，
而当焦虑天下扰扰而急待平治。
年岁递减，人物存亡，
无非是天道循环，
忧忧于此，岂非痴愚。
长歌以述我志，
春夏秋冬更相循环。

四解

郁郁怦怦又当如何！
宽心言笑且任自然。
郁郁怦怦又当如何！
宽心言笑且任自然。
少年意气，壮年体魄，盛年智慧，
绝不会复还！
惜时进取，将为谁如此？
纵逸苟活，又岂非行同狗彘？
长歌以述我志，
郁郁怦怦又当如何！

五解

谣俗曲[1]

原文

瓮中无斗储[2],发箧无尺缯[3]。友来从我贷,不知所以应。

注释

1 这首诗采用民歌形式,写一个穷困的人由于自己无力帮助亲友而感到为难。

2 **瓮**:大腹小口的陶器,此指盛粮器皿。

3 **发**:打开。 **箧**:竹箱。 **缯**:一种较粗的丝织品。

译文

揭开瓮,并无一斗粮;
打开箱,并无一尺缯。
朋友找我来借贷,
不知拿什么借给他。

文

上书理窦武陈蕃[1]

光和四年（181）

原文

武等正直，而见陷害[2]，奸邪盈朝，善人壅塞[3]。（《魏志·武帝纪》注引《魏书》）

译文

窦武等人，秉性、行事正直无私，却遭到陷害残杀。当今之世，奸佞邪辟之徒，满朝比比皆是，良善忠直之辈，却被昏昧的政治阻绝了进身之阶。

注释

1 东汉末年，宦官、外戚争权。政治昏暗，政局动荡。永康元年(167)，桓帝死，窦皇后为皇太后，临朝听政。建宁元年(168)正月，太后之父、大将军窦武与太傅陈蕃迎立刘宏为皇帝，是为灵帝。九月，窦、陈密谋诛杀宦官，事泄，宦官中常侍曹节等杀窦武、陈蕃。曹节为曹操曾祖，曹操父曹嵩是大太监曹腾的养子，但曹操憎恶宦官政治。灵帝光和三年，曹操第二次被征召，拜为议郎，次年即上书申诉窦武、陈蕃被害的冤屈，言词激切，但不为灵帝所纳。理，申理，申辩。窦武，扶风平陵（今陕西咸阳西北）人。灵帝时任大将军，是外戚集团的领袖。陈蕃，汝南平舆（今属河南）人。东汉末名士，灵帝时任太傅。

2 **见：**被。

3 **善人壅塞：**壅塞，堵塞不通。这句意思说：好人进身的道路被阻塞了。

拒王芬辞[1]

中平五年（188）

原文

夫废立之事，天下之至不祥也。[2]古人有权成败、计轻重而行之者，伊尹、霍光是也。[3]伊尹怀至忠之诚，据宰臣之势，处官司之上。故进退废置，计从事立。[4]及至霍光受托国之任，借宗臣之位，内因太后秉政之重，外有群卿同欲之势。[5]昌邑王即位日浅，未有贵宠，朝乏谠臣，议出密近。[6]故计行如转圜，事成如摧朽。[7]今诸君

译文

废立君主大事，须知是天下最凶险、休咎难测的事情。而往古，也有人权衡利害、算度成败，断然行之而功在社稷宗庙的，最典型者，那就是伊尹和霍光了。伊尹于殷商天下秉怀至诚至忠之心，身据左右朝纲、经纬山河的廊庙重臣之势，百官众部，莫不拱手影从。因而，计必可行，事必可成，进可立贤，退可废主，无不应天顺人。而霍光，乃是受先帝遗命、托以邦国之重，抚立幼主，纲纪国家。自身有望高威重之勋绩宗臣的地位，内倚太后秉持朝纲大政的特权，外托满朝卿士众愿所归的大势，在兴废罢举的大局中已据有主动。而昌邑王由于即位未久，权势未立，威望寡薄。当时朝中又无直言强谏之臣力持公议，废立之议，均出于霍光近臣亲信。因而计议之行，大事之成，不过像转动一个圆球、粉碎一截朽木那么容易。今天诸位先生仅仅从古代故事之皮相看到事件表面的轻易，却没有从往事之根本洞察当今时事之难行。请诸位自我揣度：你们如今的

徒见曩者之易[8]，未睹当今之难。诸君自度：结众连党，何若七国[9]？合肥之贵，孰若吴楚？[10]而造作非常[11]，欲望必克[12]，不亦危乎！（《魏志·武帝纪》注引《魏书》）

联盟党羽，比得上“七王之乱”中的诸侯七国吗？合肥侯在皇族中的地位尊贵，能和七王中的吴侯楚侯等任何一位亲王相提并论吗？事实自然不言而喻。以七王当时之势而谋叛，结果如何？而如今诸位却打算以远逊于七国的条件和形势，幻想成就异乎寻常的奇举，而且意在必得，这不是极其危殆的吗？

注释

1 汉灵帝中平五年六月，冀州刺史王芬，纠结南阳许攸、沛国周旌等密谋策划，企图趁灵帝北巡河间（今河北献县东南）之机发动政变，废灵帝，诛宦官，拥立合肥侯为天子。他们约结当时在家隐居的曹操合谋。曹操审时度势，指出计划之所以不可行，苟行之则必败。后果事败，王芬自杀。

2 **“夫废立”二句：**帝王废置诸侯，或执政者废旧君立新君皆称“废立”。此处指后者。至，极。不祥，这里是易生凶险，须担风险的意思。

3 **“古人”二句：**权，权衡。计，计较，审度。轻重，利害、得失、优劣等。伊尹，一名伊挚，为商汤重臣。他辅佐商汤灭夏建商朝。汤之孙太甲即位后破坏商汤法制，被伊尹放逐。太甲在民间三年，知民疾苦，三年后，幡然悔过。伊尹便又迎回太甲复位。霍光，字子孟，河东平阳（今山西临汾西南）人。汉武帝死，他受命辅昭帝，任大司马大将军。昭帝死，霍光迎立昌邑王刘贺。贺即位只二十七天，即坏乱汉家之制，霍光断然废之，立刘询为宣帝。

4 **“伊尹”五句：**宰臣，辅佐帝王，统领群僚，总揽朝纲的最高行政长官。官司，文武百官。进退，行止。废置，废黜与拥立。计从事立，计谋策划得以实施，事业也得以成就。此五句是分析伊尹废立之事何以成功。

5 **“及至霍光”四句：**“霍光受托国之任”，汉武帝遗诏，托霍光辅助年仅八岁的少帝（昭帝）执政。宗臣，有功德威望受到尊仰的重臣。太后秉政，昭帝的皇后是霍光的外孙女,昭帝死,皇后即为太后。当时太后并未正式执政,这里的意思是指废昌邑王这一大政由太后主持。群卿同欲,各大臣愿望、意见一致。

6 **“昌邑王”四句:**贵宠,这里指帝王的权势威望和尊贵荣耀。谠臣,敢于直言忠谏的大臣。密近,亲密可信的人。以上八句,从两方面分析霍光废立的事势。

7 **“故计行”二句:**转圜(yuán),转动圆的物体,常用以代指便易迅速之事。摧朽,摧坏朽木。二语皆形容行事之极其容易。

8 **曩:**以往。

9 **七国:**西汉时,吴、楚、胶西、胶东、赵、济南、菑川七诸侯国,以吴王刘濞为首,于景帝时(前154)发动大规模叛乱,史称“七王之乱”。叛乱被大将军周亚夫平定,七国遂灭。

10 **“合肥”二句:**合肥,指合肥侯(名已无考)。王芬策划废灵帝而立合肥侯,他是皇亲近支,故说“贵”。吴、楚,指“七王之乱”中的吴王刘濞、楚王刘戊。这四句以王芬之谋拟之“七王之乱”,意思是说:王芬等人的结盟,远不如作乱的七国势力;而合肥侯的身份也不及七王尊贵。暗示以七国之强势尚且失败,那么王芬的废立之谋就更不用说了。

11 **造作非常:**创造成就非同寻常的事业。

12 **克:**成功。

答袁绍[1]

汉初平元年(190)

原文

董卓之罪[2],暴于四海,

译文

董卓的倒行逆施,十恶不赦,已经

原文	译文
吾等合大众、举义兵，而远近莫不响应，此以义动故也[3]。今幼主微弱，制于奸臣，未有昌邑亡国之衅，而一旦改易，天下其孰安之？[4]诸君北面，我自西向。[5]（《魏志·武帝纪》注引《魏书》）	为天下人所周知。我们会合广众，兴举义兵，之所以得到远近四方势力的同声响应，那是由于义师以匡扶正义之举感召着人心。当今幼主年弱势微，因而受奸臣控挟，他自身却并没有过像前朝昌邑王坏乱汉家制度那样的罪愆过失，还不失为四方归心的君王。如果依诸君所谋，废幼主而另立新帝，天下人怎么能心安呢？如果诸君执意为之，请自北面向幽州称臣，我将仍旧挥师西进。

注释

1 袁绍，字本初，汝南汝阳（今河南商水县西北）人，东汉末世族豪强的代表。董卓之乱中，袁绍被推为讨董军盟主。这时，他与冀州刺史韩馥谋立幽州牧刘虞为帝，另立朝廷。绍以此谋约结曹操，曹操断然拒绝。后袁绍割据河北等地，成为曹操劲敌。

2 **董卓之罪：**董卓，字仲颖，凉州临洮（今甘肃岷县）人。灵帝时，任并州牧。中平六年(189)灵帝死，董卓入朝干政，凶残暴虐，废杀少帝，致诸郡起兵讨逆。董卓焚洛阳，挟献帝及百万百姓西迁长安，自留洛阳与联军决战。后为王允、吕布所杀。

3 **此以义动故也：**这句意思是说，义兵之所以得到广泛响应，这是由于人们受到正义的感召。

4 **"今幼主"五句：**当时献帝刘协只十岁，故云"微弱"。奸臣，指董卓。昌邑，指昌邑王刘贺。衅，缝隙，引申为过失、罪过。改易，指袁绍等图谋另立刘虞为帝事。

5 **"诸君"二句：**古代礼制，臣下必须面向北朝见君主，因而向人称臣谓之北面。恰好当时刘虞所在的幽州，方位也在北，因而这句有双关的意义。西向，指进军洛阳讨董，扶助汉室。

领兖州牧表[1]

兴平二年(195)

原文

入司兵校[2],出总符任[3]。臣以累叶受恩[4],膺荷洪施[5],不敢顾命。是以将戈帅甲[6],顺天行诛[7],虽戮夷覆亡不暇[8]。臣愧以兴隆之秩[9],功无所执[10],以伪假实[11],条不胜华[12],窃感饥请[13],盖以惟谷[14]。(《艺文类聚》卷五〇)

译文

入朝则管领皇家禁卫,出朝则亲统征伐大军——臣下世世受庙堂莫大之恩泽,蒙天子洪厚之赏施,效命朝廷,实不敢顾惜一己之性命。因而,统率锐戈坚甲之劲旅,顺奉天命而讨伐逆贼。虽竭力诛灭凶顽,荡平匪类,然而至今尚未能奏凯。令微臣感到羞惭的是,虽无尺寸之功,却宠膺隆厚的官禄,以虚充实,有如柔条不能承荷繁硕的花朵,名实不副,恐致天下人之讥诮,因而当愧受荣命之际,令人感到进退唯窘,尴尬惶恐。

注释

1 初平三年(192),青州黄巾农民起义军杀原兖州刺史刘岱,济北郡地方长官济北相鲍信等迎曹操为兖州牧。四年(193),曹操父曹嵩被徐州刺史陶谦杀于琅琊,操为复父仇,东征陶谦。兴平元年(194),陈留郡太守张邈、曹操部将陈宫趁操东征,发动叛变,联吕布攻操,占据了兖州。兴平二年(195),曹操以奇兵败吕布等,平定兖州各县。这年十月,汉献帝正式拜操为兖州牧。本篇即曹操领兖州牧时上献帝的表章。

兖(yǎn)州:在今山东省中部、西部及河南省北部。古代九州之一。

东汉所置兖州，辖陈留、东郡、任城、泰山、济北、山阳、济阴、东平八郡，治所在昌邑（今山东金乡县西北）。 **州牧：**掌各州军政大权的最高行政长官。 **表：**臣写给皇帝的奏章之一种，用于较重大事件。

2 **入司兵校：**在朝廷内做掌管禁军的校尉。司，掌管。中平五年(188)，朝廷置西园八校尉，任曹操为典军校尉。

3 **出总符任：**在外担当统率大军的重任。符，兵符，皇帝授予兵权的凭证，兵权的象征。

4 **累叶：**几代，数代。

5 **膺荷洪施：**承受重大的赏赐。膺荷，承受。

6 **将戈帅甲：**戈和甲是指代士卒、军队。将、帅，统率。

7 **顺天行诛：**"天"有两义，一指天道天命，一指皇帝的意旨，很多情况下古人将两者看作是统一的。诛，这里是讨伐罪恶的意思。

8 **戮夷覆亡不暇：**戮，杀。夷，削平。覆亡，灭亡，覆灭。不暇，顾不上，尚未做到。这句意为：杀尽恶逆、讨平叛乱尚未能成就。

9 **兴隆之秩：**兴隆，丰厚。秩，官员的俸禄。

10 **执：**树立，建立。

11 **以伪假实：**假，冒充。此句是以假充真的意思。

12 **条不胜华：**条，花木的枝条。华，同"花"。柔细的枝条承载不了硕大的花朵。这里比喻功不称赏，名不副实。

13 **窃感讥请：**"请"字疑为"诮"之误。这句说自己感觉会受到人们的讥诮。

14 **惟谷：**《诗经·大雅·桑柔》："进退维谷。"注："谷，穷也。"进退皆是穷途，言进退两难。

兖州牧上书[1]

兴平二年（195）

原文

山阳郡有美梨[2]。谨上缝帐二，丝缕十斤，甘梨二箱，椑枣二箱[3]。（《初学记》卷二〇）。

译文

山阳郡出产甘美的梨。恭谨地向您献上缝帐二顶，丝线十斤，甜梨二箱，椑枣二箱。

注释

1 公元195年献帝东迁，频遭变乱，宫廷中日用匮乏。曹操当时领兖州牧，常向朝廷进献食物器用。

2 **山阳郡**：兖州的属郡之一，治所在昌邑。

3 **椑**(bēi)**枣**：一种青黑色的枣。

上书让封[1]

汉献帝建安元年（196）

原文

臣诛除暴逆[2]，克定二州[3]，四方来贡[4]，以为臣之

译文

臣下征讨剿灭凶暴和叛逆之贼，克服平定了青、兖两州，致使四方臣服，向

功。萧相国以关中之劳，一门受封。[5]邓禹以河北之勤，连城食邑。[6]考功效实[7]，非臣之勋。臣祖父中常侍侯[8]，时但从辇[9]，扶翼左右，既非首谋，又不奋戟[10]，并受爵封，暨臣三叶[11]。臣闻《易·豫卦》曰"利建侯行师"[12]。有功乃当进立以为诸侯也。又《讼卦》六三曰："食旧德，或从王事。"[13]谓先祖有大德，若从王事有功者，子孙乃得食其禄也。伏惟陛下垂乾坤之仁[14]，降云雨之润，远录先臣扶掖之节[15]，采臣在戎犬马之用[16]，优策褒崇[17]，光耀显量[18]，非臣尪顽所能克堪[19]。(《艺文类聚》卷五一)

我朝廷纳贡输诚。陛下以此为微臣的功劳。前代萧相国由于有关中筹供兵饷的殊功，立国后满门受到封赏；本朝邓禹以助光武帝平定河北的劳绩，得到连城的封地。据实论功，前辈已有先例，但目前之功，却非微臣所有。微臣祖父职居中常侍侯，当年不过跟从先帝，侍奉左右。既不是运筹划策的首要谋臣，又不曾扬戟挥戈浴血于疆场。而微臣累世共受爵封，至微臣已及于三代。微臣闻知《易经·豫卦》说："利于封诸侯行征战。"即是说有功之人才应当进爵封侯。又闻知《讼卦》六三爻辞说："食旧德，或从王事。"这即是说：若祖上有极大功德，或者勤劳于王事有功的人，其子孙才能享受他的俸禄。以臣下卑微之想：陛下垂降高天厚土般的仁爱，宏施云霓雨露般的恩泽，追记微臣先祖扶持先帝的尽职之诚，且又采录微臣在戎事上所效奉的犬马微劳，以炫美的诏命给微臣以奖掖，使臣的荣名光昭显耀，这实在不是以微臣的羸弱愚顽之身所能克当承受的。

注释

1 兴平二年(195)，董卓部将内讧，长安大乱，董承、杨奉护献帝东迁，至安邑。次年(建安元年)，曹操派曹洪西迎献帝，为董、杨所拒。二月，曹操镇压汝南、颍川农民起义军，献帝拜操为建德将军。六月，又拜为镇东将军，袭父费亭侯爵。《上书让封》《上书让费亭侯》《谢袭费亭侯表》

这三通奏章，就是曹操接到封诏后向献帝表示逊谢的。此后，曹操又纳董昭之谋，迁献帝于许县，使之脱离了杨奉控制。同年九月，献帝以曹操为大将军，封武平侯。曹操《上书让增封武平侯》和《上书让增封》这两通奏章即为此而作。

2 **暴逆：**这里指地方豪强割据势力及农民起义军。

3 **克定二州：**初平三年(192)曹操败青州黄巾军，据青州；兴平二年(195)败张邈、吕布，克兖州。

4 **四方来贡：**献帝迁安邑，各豪强势力复向帝纳贡，表示臣服。

5 **“萧相国”二句：**萧相国，萧何，沛县人，汉高祖刘邦最重要的辅臣之一。楚汉战争，何留守关中，督兵源粮饷之供给，对战争胜利起了决定性的作用。汉立，任丞相，封酂侯，食邑二千户，父母兄弟十余人皆受封邑。

6 **“邓禹”二句：**邓禹，字仲华，南阳新野人，东汉光武帝大将，镇压河北铜马农民起义及绿林军王匡等部。后任大司徒，封高密侯，食四县。

7 **考功效实：**以实况考绩论功。

8 **“臣祖父”句：**曹操祖父曹腾，任中常侍，为皇帝侍从官，封费亭侯。

9 **时但从辇：**当时只是随从皇帝。辇，皇帝乘坐的车辆，代指皇帝。

10 **“既非”二句：**既不是主要的谋臣，又不曾奋勇陷阵征战。戟，古兵器，长杆，尖端附有月牙状利刃。奋，操兵器作战。

11 **暨臣三叶：**三叶，三代。曹腾封费亭侯，曹嵩、曹操袭封。

12 **利建侯行师：**《易·豫卦》的卦辞，意为有利于封诸侯与出征。

13 **《讼卦》六三：**《易·讼卦》卦形作䷅(乾坎)。阳爻为—，称“九”；阴爻为--，称“六”。倒数第三爻是--(六)，称为“六三”，这一爻的爻辞是：“食旧德。贞厉，终吉。或从王事，无成。”《周易通义》注：德，通“得”。“旧德”即以前狩猎所得而储存的食物。贞厉、终吉，指暂无所得而终于有得。王事，指战争。以下三句是曹操对此爻辞所作的解释。

14 **伏惟：**谓念及，想到，是一种敬词，旧时下对上陈述意见、想法时用之。陛下，对皇帝的敬称。

15 **先臣扶掖之节**:扶掖,搀扶,指曹腾随侍皇帝左右之事。节,节操,这里是尽心职守的意思。

16 **"采臣"句**:戎,军队。犬马,古代一种极谦卑的自称,意为自己是供对方驱使的。这句意为:采录我在军事上如犬马一般为您奔走的效用。

17 **优策褒崇**:优策,从优策命。褒崇,表彰奖励。

18 **光耀显量**:荣誉彰显,到处播扬。

19 **尪(wāng)顽**:羸弱愚顽。

上书让费亭侯[1]

建安元年(196)

原文

臣伏读前后策命[2],既录臣庸才微功,乃复追述先臣,幽赞显扬,见得思义[3],屏营怖惧[4],未知首领所当所授[5]。然古人忠臣,或有连城而不辞,或有一邑而违命。[6]所以然者,欲必正其名也。又礼制,诸

译文

臣怀着无比的恭敬诵读陛下前后颁下的两次诏命,陛下既载录臣下庸陋之才、微末之功,又还追述臣祖先之劳。令已身入幽冥的死者受到赞慰,而生在阳世的微臣幸蒙褒扬。得到如此宠遇荣封,令臣深思大义,惶恐悚栗,真不知如何奉献自己微贱的性命以图报效。考察旧事,往古的忠臣,有的得到连城的封地而慨然受赏,而有的即使对一城的封赐也拒不领命。之所以如此,是要恪守名分正当、名实相称这一原则。又根据国家礼制典章:凡诸侯国本土已经灭绝,而其子孙又有功绩当受封赏的,应该重新另受爵封,不能

侯国土已绝，子孙有功者，当更受封，不得增袭。[7] 其有所增者，谓国未绝也；或有所袭者，谓先祖功大也；数未极，无故断绝，故追绍之也[8]。臣自三省[9]，先臣虽有扶辇微劳，不应受爵，岂逮臣三叶；若录臣关东微功[10]，皆祖宗之灵祐，陛下之圣德，岂臣愚陋，何能克堪！（《艺文类聚》卷五一）

再继续袭受以往的爵位。如果继续承袭，就意味着其国尚未灭绝。另外，有的诸侯国功高威重，按天命不当灭绝而因遭意外变故灭绝的，应当追续，再袭祖爵。臣据此再三自省，思及祖先虽有侍奉先帝的些微劳绩，但德薄功小，不当领受爵封，何况到微臣已是第三代；倘若陛下念记臣下关东讨逆勤王的微末功劳，则那都出自祖先神灵的佑护，更出自陛下的神圣威德，哪里能归于微臣愚昧鄙陋之身。

注释

1 当曹操上这几通表奏时，他已有了相当的军事实力和政治影响，而当时的朝廷则有名无实。曹操对朝廷的封赐一再逊让，以谦卑表忠谨，在于博得朝廷信任，便于他"奉天子以令不臣"，王霸天下。此篇与上篇，分别辞谢皇帝的两次诏命，献帝再下诏书，方以较庄重的《谢袭费亭侯表》表示领受。费，地名，在今河南永城西南。亭侯，只有一乡亭的封地，是侯爵中等次最低的一级。

2 **伏读：**伏地诵读，谦词，表恭敬。 **策命：**诏书。

3 **"幽赞显扬"二句：**幽，冥，指死者。显，生者。死者受到褒赞，生者得到表扬。见得，指得到封赏。

4 **屏营：**惶惧貌。

5 **"未知"句：**首领，头颅。这句意为：不知该如何向朝廷献身以图报答。

6 **连城而不辞：**指邓禹受封四城事。 **违命：**不肯接受任命。

7 **"又礼制"五句：**礼制，这里指国家典章制度。这五句意为：再者按国家制度，假如诸侯国已灭亡不存，其子孙立功，应当重新接受封爵，而不是继续袭祖先的爵位。

8 **“数末极”三句：**数，天命，天数。极，尽头。绍，继续，承续。这三句意为：有的诸侯祖先根基深厚，功勋卓著，按天命说并不该断绝，但可能在偶然不正常状况下无故地断绝了，这种情况应该追袭。

9 **三省：**省，自我检查。此语出《论语·学而》：“曾子曰：吾日三省吾身。”

10 **关东微功：**指讨董卓事。

谢袭费亭侯表[1]

建安元年（196）

原文

不悟陛下乃寻臣祖父厕豫功臣[2]，克定寇逆，援立孝顺皇帝[3]。谓操不忘，获封茅土[4]。圣恩明发，远念桑梓。[5]日以臣为忠孝之苗，不复量臣才之丰否[6]。既勉袭爵邑，忝厥祖考[7]，复宠上将铁钺之任[8]，兼领大州万里之宪[9]；内比鼎臣[10]，外参二伯[11]，身荷兼绂之荣[12]，本枝赖无穷之祚也[13]。昔大彭辅殷，昆吾翼夏[14]，功成

译文

臣没有想到陛下竟追述臣祖父当年平寇乱、诛逆贼、扶助孝顺皇帝即位的功绩，并嘉曹操不忘祖德，应当获得茅土之封。圣主对臣下的恩泽及于“明发怀人”之义，远至于顾念臣下的先辈桑梓之亲。陛下常以忠臣之苗裔看待臣下，不再权衡微臣才具的优劣盈缺。臣惶愧地承袭了先辈的爵封，已觉有辱祖上之德。而陛下更又尊宠地授予臣上将征伐诛戮的重任，并兼领统辖万里大州的威权。在朝同列于廊庙重臣，出朝则并肩于诸侯首领，自身获得兼任显职的殊荣，本族也由此享有无尽的福荫。往昔彭祖扶佑殷商，昆吾辅翼有夏，赐爵受封，都在功成之后。而今微臣

事就,乃备爵锡[15]。臣束修无称[16],统御无绩,比荷殊宠[17],策命褒绩,未盈一时,三命交至[18]。双金重紫[19],显以方任[20]。虽不识义,庶知所尤[21]。(《艺文类聚》卷五一)

修身检行既无可称扬,治民统军又无显著的勋绩,却一再荣受特殊的恩遇,诏令褒赏,不一时之间,三道策命接踵而至。恭领两道金印,一双紫绶,独当一面的高位与荣耀。臣虽愚昧不谙大义,但也粗知以自身的卑贱、过失,难以领受如此厚遇。

注释

1 曹操祖父曹腾为宦官,事顺、冲、质、桓四帝,官至中常侍大长秋,封费亭侯。腾死后,由养子曹嵩,即曹操之父袭爵。曹操再袭。

2 **寻:**追寻,追溯。 **厕豫:**列入,参与。

3 **“援立”句:**汉顺帝刘保,于安帝永宁元年(120)曾立为太子,后被废为济阴王。安帝薨,宦官江京等谋立北乡侯。曹腾等十九人斩江京,共扶立刘保为顺帝,因而有援立之功。

4 **茅土:**古帝王取五色土建坛,封诸侯,封地在何方,即取该方土,裹以白茅草,赐予诸侯,作为赐封地的象征性仪式。

5 **“圣恩”二句:**明发,出于《诗经·小宛》“明发不寐,有怀二人”。据朱熹注,“明发”指黎明发动,“二人”指父母。故以“明发”指孝思。桑梓,出于《诗经·小弁》:“维桑与梓,必恭敬止。”桑树与梓树为屋宅常植的树种,见桑梓易生父母家园之思。后以为家族前辈或故乡的代称。这里指前者。

6 **丰否(pǐ):**指大小、优劣。

7 **忝厥祖考:**忝,谦词,有辱、有愧于。厥,代词,其。考,父亲。此句意谓有辱先人。

8 **“复宠”句:**宠,尊荣。铁钺,刑戮之具,由皇帝赐给所任命将帅,作为征伐和诛杀权力的象征。

9 **大州:**指兖州。 **宪:**朝廷委任的地方高级官员。

10 **内比鼎臣:**鼎臣,重臣。比,并列。

11 **外参二伯**:参,加入。二伯,“伯”为诸侯首领。周以东西二伯主持国政。因代指左右国事的重要首脑人物。

12 **兼绂**:兼任两项高级官职。绂,系印环的丝绳,代指官位。

13 **本枝**:本族系。

14 **“昔大彭”二句**:大彭,即彭祖,为商朝侯伯。昆吾,为夏朝侯伯。据《史记·楚世家》,大彭、昆吾与曹安皆出于陆终氏。这里暗指曹操也成当时侯伯。翼,辅佐。

15 **锡**:赏赐。

16 **束修无称**:束修,约束修养品行。无称,没有可称说的。

17 **比荷**:连续接受。

18 **未盈一时,三命交至**:三项策命紧接着到来。指建安元年(196)元月封操建德将军,六月升镇东将军、袭费亭侯。未盈一时,极言时间之短。

19 **双金重紫**:义同“兼绂”。金指金印,紫指金印上的紫绶带,皆为高级官职所专用。

20 **方任**:独当一面的重任。

21 **庶知所尤**:庶,大约,差不多。尤,过失错误。

上书让增封武平侯及费亭侯[1]

建安元年(196)

原文

伏自三省,姿质顽素[2],材志鄙下,进无匡辅之功,退有拾遗之美[3]。虽有犬马之劳,非独臣力,皆由部

译文

臣谨再三省察自身,天资愚钝,质木无文,既乏隽才,又少远志。不能进献匡扶辅弼之功于朝堂,只得退居谏议之职,起一点补缀缺失的作用。虽有为陛

曲将校之助[4]。陛下前追念先臣微功，使臣续袭爵土，祖考蒙光照之荣，臣受不赀之分[5]，未有丝发以自报效[6]。昔齐侯欲更晏婴之宅，婴曰："臣之先容焉，臣不足以继之。"[7]卒违公命，以成私志。臣自顾省，不克负荷，食旧为幸[8]。虽上德在弘，下有因割。[9]臣三叶累宠，皆统极位，义在殒越[10]，岂敢饰辞！（《艺文类聚》卷五一）

下效命驱驰的微末之劳，也并非出自臣下一人之力，而全仗所部将校的臂助。陛下此前追念为臣先辈的微薄功绩，令为臣承袭先祖的爵位封邑，臣祖父同沐圣光普照之荣，微臣就此已受领了无可估量的惠赐，且又不曾有丝毫业绩以报效朝廷。往昔，齐景公要为晏婴另造新居，晏婴说："这是臣的先人所住的居宅，臣的功德尚不足以继承先人。"结果究竟未遵齐侯之命，而成全了自己以忠直恭谨自励的志愿。臣自我察视反省，不堪蒙受圣主恩眷，得以享受已有的爵禄已为万幸。虽圣上德量恢宏，微臣在下也不敢妄受。臣子一门已三世屡受宠顾，而且并居高位，道义所在，自当粉身碎骨捐躯以报，岂敢以夸言浮辞自我粉饰呢！

注释

1 **武平侯：**武平，县名，在今河南省鹿邑县西北。武平侯是县侯。 **费亭侯：**《上书让费亭侯》注1。

2 **顽素：**愚陋而少文采。

3 **拾遗：**补缀缺漏，指向上进言以弥补朝政的缺失。

4 **部曲：**古代军队编制总称部曲。此指所辖军队。

5 **不赀之分：**无法估量的恩赏。赀，计量，计算。分，名分，位次。

6 **丝发：**和丝缕、头发一样微细。犹言丝毫。

7 **"昔齐侯"三句：**《左传·昭公三年》：齐景公见晏婴的住所窄陋，要为他另造新宅。晏婴拒绝说：这是臣的先辈所居，臣的德行还不及先辈，住在这里已是过分了。

8 **食旧为幸：**能享受原有的爵禄就十分有幸了。

9 **"虽上德"二句：**在，助词。弘，浩大。因割，因，依循；割，舍弃。因割犹言取舍。

10 **殒越：**死亡，毁败。这里是献身的意思。

上书让增封[1]

建安元年（196）

原文

无非常之功，而受非常之福，是用忧结[2]。比章归闻[3]，天慈无已[4]，未即听许。臣虽不敏[5]，犹知让不过三。所以仍布腹心[6]，至于四五[7]，上欲陛下爵不失实，下为臣身免于苟取。（《艺文类聚》卷五一）

译文

不曾有特异超常的功绩，却妄受非同寻常的福祉，臣下因此而忧结在心，郁郁难释。屡屡上表陈情，得蒙诏复，但圣主慈怀无量，并未恩许。臣下虽然愚鲁，也还颇知让不过三之理。之所以固执地一再表露肺腑之诚而至于四次五次，那是由于对上以期陛下的爵赏不违谬于真实劳绩，在下使臣自身不至于轻取非分的恩赏。

注释

1 这是对增封武平侯表再次逊让的表章。

2 **是用忧结：**因此而愁郁不解。

3 **比章：**连上奏章。 **归闻：**指皇帝答复的诏书。

4 **天慈：**天，天子，皇帝。天慈即皇帝慈爱之心。

5 **不敏：**不机敏聪慧，即愚钝。

6 **仍布腹心：**布，表白。腹心，犹云肺腑之言。

7 **四五**：上云“让不过三”，此说推让至于四五次，极言逊让之诚。

让还司空印绶表[1]

建安元年（196）

原文

臣文非师尹之佐[2]，武非折冲之任[3]，遭天之幸，干窃重授[4]。内踵伯禽（禹）司空之职，外承吕尚鹰扬之事[5]，斗筲处之[6]，民其瞻观。水土不平，奸宄未静[7]，臣常愧辱，忧为国累[8]。臣无智勇，以助万一[9]，夙夜惭惧[10]，若集水火[11]，未知何地，可以殒越。（《艺文类聚》卷六七）

译文

臣下举文才不足担当三公辅佐之任，举武略又并无挫敌制胜之能。由于遭际圣明之主的宠幸，得以参与机要，窃据重职。在朝追随先贤伯禹担任司空之职务，在外承续吕尚勇武威扬征讨战伐之事业。以臣斗筲一般短小的器量才识担当如此大任，且得到天下万民热忱瞻望。而目下，水土未得疏理平复，奸徒盗寇尚不能剿灭肃清，为此，臣时常痛感羞惭耻辱，担心并责备自己有负于国家。臣缺乏智谋勇略襄助国事于万分之一，因而日夜惭悔、惧怯，如置身于洪水烈火之中。真不知在何处以何事，得以捐躯报国。

注释

1 建安元年九月，献帝以曹操迎驾都许之功，任曹操为大将军。十月，任袁绍为太尉。袁绍以位在曹操之下，不受命。曹操由于力量不敌袁绍，让大将军衔于绍。献帝遂任曹操为司空行车骑将军。本篇即曹操上表逊让的奏章。司空，东汉时与太尉、司徒合称为“三公”，是最高官职之一，司营造、水利等。

2 **师尹：**又称"太师"，周代与太傅、太保合称"三公"。这里是以前代官职比之于司空。

3 **折冲：**挫退敌方的战车，意指御敌。这里指受车骑将军事。

4 **"遭天之幸"二句：**遭际皇帝的宠幸，受纳重大的任命。干，干犯；窃，窃据。同为谦词。

5 **"内踵伯禽"二句：**"禽"字为"禹"之形误。伯禹，即大禹。尧时，大禹曾任司空。禹又有治水之功，与后司空职能相关。吕尚，即姜太公，辅武王灭纣的功臣。《诗经·大明》："维师尚父（吕尚尊称"尚父"），时维鹰扬。"鹰扬，形容人奋发威扬，如同雄鹰之翱翔。

6 **斗筲：**斗和筲（竹器）都是很小的容器，比喻器量狭小或才识短浅。

7 **"水土"二句：**水土不平，指水土未得到治理。奸宄（guǐ），不法之徒。静，肃清。

8 **忧为国累：**为自己有愧于国而忧虑。累，亏欠，有负于。

9 **万一：**万分之一，极言微少。

10 **夙夜：**日夜。夙，清晨。

11 **若集水火：**如处于水火煎熬之中。

陈损益表[1]

建安元年（196）

原文

陛下即祚[2]，复蒙试用，遂受上将之任[3]，统领二州[4]，内参机事，实所不堪。昔韩

译文

陛下既已承继国统，臣下又蒙委用，愧受上将的大任，又奉命统辖两州，并入朝参与国政，实非臣下所能

非闵韩之削弱,不务富国强兵,用贤任能。[5]臣以区区之质,而当钟鼎之任[6];以暗钝之才,而奉明明之政。顾恩念责,亦臣竭节投命之秋也[7]。谨条遵奉旧训权时之宜十四事[8],奏如左,庶以蒸萤[9],增明太阳,言不足采[10]。(《艺文类聚》卷五二)

胜任。往古韩非忧虑韩国不从事于富国强兵,不用心于任用贤能,国家便由此衰弱。如今臣下以微不足道的资质,担当国家兴衰的重任,以愚钝暗昧的才具,主持清明昌盛之政事。感念皇恩,慎思职责,此际当是臣尽节效命的时节了。臣郑重地列举遵守旧制并适宜于当前之势的建议十四项,陈奏如下。这无异于以亿万萤火的如豆之光,为灿烂的太阳增辉。臣的建议或恐都不足采用。

注释

1 曹操奉献帝都许,掌握了政权。约在这一年九月,他向献帝上表建议革新政治。表中载有十四条具体建议,已失传,本篇为其前言部分。

2 **即祚:**即皇帝位。中平六年(189)董卓即已立刘协为献帝,帝时年仅九岁,政权并未在手。兴平元年(194),帝十四岁,加冠,这一年才算正式即位。祚,皇位,国统。

3 **上将之任:**曹操先后受镇东将军、大将军、车骑将军任,这些都是上将。

4 **统领二州:**曹操领兖州牧后,建安元年八月又领司隶校尉。

5 **"昔韩非"三句:**韩非,战国时期思想家,先秦法家思想的集大成者与主要代表人物。闵,忧伤。这三句意为:以前韩非忧虑韩国的衰弱,其衰弱的原因即在不致力于富国强兵,任用贤能。

6 **钟鼎之任:**钟、鼎为古代贵重礼器,常用以记国家大事。因借为国事之喻。

7 **竭节投命:**尽节效命。

8 **"谨条"句:**条,条陈,列举。遵奉旧训权时之宜,遵守以往的典章制度并权衡目前的实际加以变通。

9 **庶以蒸萤:**庶,期望。蒸,众多。

10 **言不足采**:谦词。

表糜竺领嬴郡[1]

建安元年(196)

原文

泰山郡界广远[2],旧多轻悍[3]。权时之宜,可分五县为嬴郡[4],拣选清廉以为守将。偏将军糜竺[5],素履忠贞[6],文武昭烈[7]。请以竺领嬴郡太守[8],抚慰吏民。(《蜀志·糜竺传》注引《曹公集》)

译文

泰山郡界域过于广阔,而且以往多有轻率刁悍之徒。以当前情况权衡划策,可从州中分出五县另建嬴郡,挑选廉明的官员为新郡守备之将。今有偏将军糜竺,一向忠诚贞固,文功武烈,昭昭于世。恭请陛下恩许糜竺任嬴郡太守,安抚该郡官吏庶民。

注释

1 糜竺,字子仲,东海朐(今江苏连云港西南)人。为当地有名富绅。原为徐州牧陶谦部下别驾从事,谦死,竺奉谦遗命迎刘备入徐州。建安元年,刘备败于吕布,糜竺出兵饷以资刘备,并嫁妹于刘。曹操意图分化刘备集团,因向献帝上表建议划出泰山郡中的五县另建嬴郡,荐糜竺为太守。糜竺后来并未受命,始终追随刘备。

2 **泰山郡**:汉代郡名,治所在奉高县(今山东泰安东北),境域广大。

3 **轻悍**:即"雕捍少虑"。轻率放纵,刁悍凶顽。

4 **嬴郡**:治所在嬴县(今山东莱芜西北),所辖五县为:嬴、武阳、南城、牟、平阳。

5 **偏将军**:汉代官名,属第五品。

6 **素履**:向来的行为。履,此指行为。

7 **昭烈**:昭彰显著的功绩。

8 **太守**:一郡的行政长官。

置屯田令[1]

建安元年(196)

原文

夫定国之术,在于强兵足食。秦人以急农兼天下[2],孝武以屯田定西域[3],此先代之良式也[4]。(《魏志·武帝纪》注引《魏书》)

译文

自古安定国家的根本方略,在于设法使一国之军队坚锐强盛,粮食富足。前代秦国政权由于将农业视为极紧要之务而终于统一天下,汉武帝移民屯田于边陲而成功地平定了西域,这都是先代所树立的良好典范。

注释

1 汉末战乱,饥馑严重,人或相食。建安元年,曹操接受枣祗、韩浩建议,在许县实行屯田。军士一面作战一面耕种,称"军屯";又召募流民辟荒屯垦,所获与政府平分。这一举措为曹操统一北方奠定了经济基础。

2 **"秦人"句**:秦国人由于抓紧发展农业而统一天下。指商鞅变法,推行农战政策事。急农,以农业为急务,加紧发展农业。

3 **"孝武"句**:孝武,汉武帝刘彻。西域,玉门关以西地区。武帝为稳固边防,曾在西北边疆屯田。

4 **良式**:良好的法式、榜样。

遗荀攸书[1]

建安元年（196）

原文

方今天下大乱，智士劳心之时也。而顾观变蜀汉[2]，不已久乎！（《魏志·荀攸传》）

译文

当今天下正遭逢大乱，此正是智谋之士劳神用智、效力于社稷的时机。而您却只关心去蜀郡道路通塞的情况，不是已迟疑滞延得太久了吗？

注释

1 荀攸，字公达，颍川颍阴（今河南许昌市）人。原任黄门侍郎，以谋诛董卓入狱，被释后，弃官归。后被征为任城（今山东济宁）相，不赴，自请调蜀郡太守，因道阻未能赴任，留荆州。曹操都许后，致书荀攸，劝其出仕。后聘为军师，成为曹操的主要谋士。曹操论功，认为攸仅次于荀彧。

2 **顾：**但，却。 **蜀汉：**蜀郡与汉中。当时荀攸关心往蜀郡的交通情况。此并非后来才有的刘备蜀汉。

与荀彧书（一）[1]

建安元年（196）

原文

自志才亡后[2]，莫可与计事者，汝颍固多奇士[3]，谁可以续之？（《魏志·郭嘉传》）

译文

自戏志才先生故世后，便已没有能与我计议划策的人了。汝颍之地自古多奇特之士，请问谁可以接续志才？

注释

1 荀彧，字文若，颍川颍阴人。曹操的重要谋士，多次向曹操举荐人才。曾为曹操划策，败袁绍，平定河北。后因反对曹操进爵魏公而开罪曹操，抑郁死。曹操这封信即是请荀彧向他继续举荐人才的，彧得信后，推荐了郭嘉。

2 **志才**：戏志才，与荀彧同郡。受荀彧推荐而成为曹操谋士，颇得操器重，不幸早逝。

3 **汝颍**：指汝南与颍川两郡。

上器物表[1]

建安元年（196）

原文

臣祖腾，有顺帝赐器。今上四石铜锅四枚[2]，五石铜锅一枚，御物有纯银粉铫一枚[3]，药杵臼一具。（《御览》卷七五七、七六二）

译文

臣的祖父曹腾，存有顺帝所赐的器皿。今谨献上可容四石之铜锅四只、五石铜锅一只。天子所专用的纯银粉铫一只，捣药杵臼一具。

注释

1 献帝初迁驾都许，宫中器用匮乏，曹操进献器物与酝酒法当在此时。

2 **锅**(xuān)：大镬(无足的鼎)，“四石”“五石”指其容量。

3 **粉铫**：取粉用的吊子。形似锅，有柄有流。

奏上九酝酒法

原文

臣县故令南阳郭芝[1]，有九酝春酒[2]。法用曲三十

译文

臣故乡谯县前县令郭芝，家有九酝春酒。其酿制方法是：用酒曲三十斤，

斤[3]，流水五石[4]，腊月二日渍曲[5]，正月解冻，用好稻米，漉去曲滓，便酿法饮。曰譬诸虫，虽久多完。[6]三日一酿，满九斛米止[7]。臣得法酿之，常善；其上清滓亦可饮。若以九酝苦难饮，增为十酿，差甘易饮[8]，不病。今谨上献。(《书钞》卷一四八)

活水五石，于腊月二日将曲浸泡在水中，待来年正月解冻后，滤出曲渣，再用好稻米，便可如法酿制饮用。据说此酒可祛除百虫，虽放置日久仍完好不变质。酿时须每三天一酿，每酿下米一斛，满九斛米为止。臣得到此法依法酿制，往往酿得好酒。酒面上浮的清酒糟也可饮用。如果九酝仍苦于难喝，可增为十酿，这样酒味较甘甜适口。饮这种酒于身体无害。今特将酿法恭谨献上。

注释

1 **臣县故令：**曹操故乡谯县(今安徽亳州)前县令郭芝。**郭芝：**西平(今河南西平县西)人，魏明元郭皇后叔父，曾任谯县县令。

2 **九酝春酒：**酿制九次而成的酒。第一次用酒曲、一斛米和水，酿三日成一酝酒；第二次取一酝酒、曲和一斛米酿成二酝药，如此九次成九酝酒。

3 **曲：**酒曲。 **斤：**汉时一斤约相当于今半斤。

4 **石：**汉时一石为当时一百二十斤。

5 **渍曲：**浸泡曲于水中。

6 **"曰譬诸虫"二句：**譬，疑当作"辟"，祛除。这句说：据说可以祛除各种害虫，虽长久放置，并不变质。

7 **斛：**容量单位。

8 **差：**较为。

上杂物疏[1]

原文

御物三十种，有纯银参镂带漆画书案一枚[2]，纯银参带台砚一枚[3]，纯银参带圆砚大小各一枚。（《书钞》卷一三三，《御览》卷六五〇）

御物有漆画韦枕二枚[4]，贵人公主有黑漆韦枕三十枚[5]。（《书钞》卷一三四）

御物三十种，有纯金香炉一枚，下盘自副[6]；贵人公主有纯银香炉四枚；皇太子有纯银香炉四枚；西园贵人铜香炉三十枚[7]。（《书钞》卷一三五，《艺文类聚》卷七〇）

御杂物用，有纯金唾壶一枚，漆园油唾壶四枚[8]，贵人有纯银参带唾壶三十枚。（《御览》卷七三〇）

御物三十种，有上车漆画重几大小各一枚[9]。（《书钞》卷一三三）

译文

天子御用器物三十种。有纯银三镂带漆画书案一张，纯银三带台砚一方，纯银三带圆砚大小各一方。

御用器物有漆画皮枕两个，贵人、公主所用有黑漆皮枕三十个。

御用器物三十种。有纯金香炉一只，附有配套下盘；贵人、公主所用有纯银香炉四只；皇太子所用有纯银香炉四只；西园贵人铜香炉三十只。

御用杂物，有纯金唾壶一把，油漆圆唾壶四把，贵人有纯银三带唾壶三十把。

御用器物三十种，有上车用漆画双层几大小各一具。

注释

1 由于战乱迁徙，宫中器物多流失。曹操指示所部搜寻流失器用，多次进献。本篇各条，非出一时，具体时间难以考定，大致始于建安元年。

2 **纯银参镂漆画书案**：漆画书案镶以三条纯银雕刻的装饰带。参，古同“叁（三）”。

3 **台砚**：下部装有台座的砚。

4 **韦枕**：皮革制的枕头。韦，熟皮。

5 **贵人公主**：贵人，皇帝的嫔妃，位次于皇后及贵妃。公主，汉制，帝女称公主，帝之姊妹称长公主，帝姑称大长公主。历代沿之。

6 **下盘自副**：下有与其配套的盘子。

7 **西园**：即上林苑，豢养鸟兽供皇帝游赏的内苑。

8 **漆园油唾壶**：唾壶，痰盂。“园”疑为“圆”之误。

9 **上车漆画重几**：供上车时踏脚用的绘有漆饰的两层的几。

原文

御物有尺二寸金错铁镜一枚[1]，皇后杂物用纯银错七寸铁镜四枚，皇太子杂纯银错七寸铁镜四枚，贵人至公主九寸铁镜四十枚。（《书钞》卷一三六，《御览》卷七一七）

御物中宫贵人公主皇子纯银漆带镜一枚[2]，西园贵人纯银参带五[3]，皇子银匣一，皇子杂用物十六种，纯金参带方严四具[4]。（《御览》卷八一二）

镜台出魏宫中，有纯银参带镜台一，纯银七，贵人公主镜台四。（《御览》卷七一七）

纯银澡豆奁[5]，纯银括镂奁[6]，又银镂漆匣四枚。（《书钞》卷一三五）

译文

御用器物有一尺二寸金错铁镜一面；皇后用杂物，纯银错七寸铁镜四面；皇太子用杂物，纯银错七寸铁镜四面；贵人、公主用九寸铁镜四十面。

御用器物，中宫、贵人、公主、皇子用镶纯银带漆饰镜一面；西园贵人用镶纯银三带镜五面；皇子用银匣一具；皇子用杂物十六种，镶纯金三带方形妆具四具。

镜台出自魏宫中，有镶纯银三带镜台一具，纯银镜台七具，贵人公主用镜台四具。

纯银盛澡豆奁具，纯银镂

油漆画严器一，纯金参带画方严器一。(《御览》卷七一七)

御杂物之所得孝顺皇帝赐物，有容五石铜澡盘一枚。(《书钞》卷一三五)

有银画象牙杯盘五具。(《御览》卷七五九)

中宫用物，杂画象列尺一枚[7]，贵人公主有象牙尺三十枚，宫人有象牙尺百五十枚，骨尺五十枚。(《御览》卷八三〇)

中宫杂物，杂画象牙针管一枚。(《御览》卷八三〇)

刻奁具，又银镂花漆匣四具。

油漆绘饰妆具一具，镶纯金三带加绘方形妆具一具。

得于孝顺皇帝所赐御用杂物，有容五石水之铜澡盘一只。

有镶银加绘象牙杯盘五套。

中宫所用器物，杂绘象牙尺一把，贵人公主用象牙尺三十把，宫人用象牙尺一百五十把，骨尺五十把。

中宫用杂物，杂绘象牙藏针管一支。

注释

1 **金错铁镜**：汉代以金属磨光做镜。错，中国古代金属镶嵌技术，“金银错”即在金属表面镂槽，嵌以金或银。

2 **中宫**：指皇后。

3 **纯银参带五**：“带”下疑脱“镜”字。

4 **方严**：方形妆奁匣。严，汉代避汉明帝刘庄讳，凡“庄”（“妆”同）字改称“严”。

5 **澡豆**：以豆末制成的去污粉，可光洁皮肤。

6 **括镂**：约是一种雕刻技术。

7 **杂画象列尺**：绘有花纹的象牙尺。

手书与吕布[1]

建安二年（197）

原文

山阳屯送将军所失大封[2]。国家无好金[3]，孤自取家好金更相为作印[4]。国家无紫绶，自取所带紫绶以籍心[5]。将军所使不良。袁术称天子，将军止之，而使不通章。[6]朝廷信将军，使复重上[7]，以相明忠诚。（《魏志·张邈传》注引《英雄记》）

译文

送与将军的封诏印绶不慎遗失于山阳屯。倘使皇家目下没有好黄金，孤愿意取自家的好金为你重新铸印；倘皇家没有紫绶，孤愿意将自身所带紫绶呈送将军，以慰将军之心。将军所遣使者不是忠良之人。袁术僭称帝号，将军阻止其行，而使者却不为通报。现朝廷信任将军，命将军再行上奏，以表明将军之忠诚。

注释

1 吕布，字奉先，九原（今内蒙古包头西）人，东汉末大军阀，性凶残，多反复。割据徐州。建安二年春，袁术称帝于淮南，遣使拉拢吕布，吕布从陈珪之言，扣袁使者，并奏其事于献帝。曹操为东征袁术，争取吕布中立，遂以献帝名义诏封吕布为平东将军，遣使赍诏书、印绶及曹操这封信往见吕布。建安三年，吕布为曹操所擒杀。

2 **“山阳屯”句：**建安元年，献帝曾封吕布为平东将军、平陶侯，不料诏书与印绶被使者途中遗失于山阳屯（在河南修武县境内）。大封，指皇帝的封诏和印绶。

3 **国家:**当时对天子的别称,犹云“帝王家”。

4 **孤:**古代王侯自我谦称为“孤”。**更相为作印:**为你重新铸印。

5 **籍心:**慰藉。“籍”通“藉”。

6 **“袁术”三句:**袁术,字公路,汝阳(在今河南商水县西北)人,袁绍从弟,大军阀,割据扬州。建安二年,图谋在寿春称帝。他遣使拉拢吕布,吕布奏其事于朝廷,但吕布所遣使者没有将奏章上呈。

7 **使复重上:**令你再次上奏章。

与荀彧书(二)[1]

建安三年(198)

原文

一

贼来追吾,虽日行数里,吾策之[2],到安众[3],破绣必矣[4]。(《魏志·武帝纪》)

二

虏遏吾归师[5],而与吾死地战[6],吾是以知胜矣。(《魏志·武帝纪》)

译文

一

敌人来追击我,虽然一日只得行军几里路,但据我谋算,到安众时,必击破张绣。

二

敌人抄断我军的退路,逼我决战于死地,我因此知道可以获胜了。

注释

1 建安三年三月,曹操围张绣于穰(今河南邓州)。刘表援绣,袭曹军之后。曹操将退兵,张绣来追。这时曹操致书荀彧,说必能破绣。曹军至安众,前后受敌。曹操命夜凿地道,将辎重运走,并在原地设奇兵埋伏。天明,敌人以为曹操已逃遁，全军来追，曹操以兵对面迎击并出奇兵前后夹击，大败刘表、张绣。回许昌后，荀彧问何以预知破敌，曹操再写信答复。

2 **策**：策算，估谋。

3 **安众**：县名，在今河南镇平县东南。

4 **绣**：张绣，武威祖厉（今甘肃会宁西北）人。军阀，据宛城。附于刘表。曾降曹操，后复叛。战败再降，封列侯。

5 **虏**：指敌方。 **遏**：阻挡。

6 **死地**：作战形势不利于己，只有拼死决战才能求生的情势或地点。《孙子·九地》："疾战则存、不疾战则亡者为死地。"

掩获宋金生表[1]

建安四年（199）

原文

臣前遣讨河内、获嘉诸屯[2]，获生口[3]，辞云[4]："河内有一神人宋金生，令诸屯皆云鹿角不须守[5]，吾使狗为汝守。不从其言者，即夜闻有军兵声，明日视屯上，但见虎迹。"臣辄部武猛都尉吕纳[6]，将兵掩捉得生，辄行军法。（《御览》卷三三七）

译文

臣此前派兵征讨河内、获嘉等处敌营，捉到一些俘虏，其供词说："河内地方有一位神人宋金生，他告诉各营说埋鹿角的地方用不着守卫，我让我的狗替你们把守。有不听信他的话的人，就在夜间听到两军相交兵器撞击的声音，到天亮，只见军营外满是老虎的足迹。"臣得此供词，即派武猛都尉吕纳领兵前去，出其不意地将宋金生俘获，即刻军法处决了他。

注释

1 建安四年二月，曹操遣军攻眭(suī)固(原黑山农民军领袖，降袁绍，驻河内郡的射犬)。进军中，抓获“神人”宋金生。这是为此事而上献帝的奏章。 **掩获：**出其不意地抓获。

2 **“臣前”句：**河内，郡名，治所在今河南武陟县西南。获嘉，河内郡属县。屯，兵营。

3 **生口：**俘虏。

4 **辞：**供词，口供。

5 **鹿角：**古代战争中的防御设施。将带有树杈的树木削尖其梢，埋在地面上，以阻敌前进。

6 **辄部：**辄，立即。部，部署，派遣。

与钟繇书[1]

建安五年（200）

原文

所得送马，甚应其急。关右平定，朝廷无西顾之忧[2]，足下之勋也[3]。昔萧何镇守关中，足食成军，亦适当尔[4]。(《魏志·钟繇传》)

译文

得到君所送马匹，非常及时地济助了军中之急需。函谷关右得以平定安抚，使朝廷解除西顾之忧，这全是先生的功劳！往昔萧何镇守关中，为前方供给充足的兵源粮饷，令高祖终得天下的大功，也只恰恰与您相当啊！

注释

1 钟繇，字元常，颍川长社(今河南长葛东)人，魏立国后任相国。建安二年，经荀彧推荐，曹操任钟繇为司隶校尉，督关中诸军。建安五年，曹操同袁绍相持于官渡，少兵乏粮。钟繇送战马两千匹至军中，曹操写了此信给他。

2 **“关右”二句：**关右，函谷关以西地区，包括今陕西、甘肃。当时，马腾、韩遂割据西京，给曹操以威胁。钟繇守关中，争取马、韩暂附于朝廷，使曹操得以全力对付袁绍，故云“无西顾之忧”。

3 **足下：**古代对同辈人的敬称。

4 **亦适当尔：**适，恰好。当，相当。

造发石车令[1]

建安五年（200）

原文

《传》言：旝动而鼓。[2]（《御览》卷三三七引《魏武本纪》）

译文

《左传》说：待发石车一发动，就击鼓进兵！

注释

1 建安五年九月，曹、袁决战于官渡。袁绍垒土山，造高橹（无顶的楼），俯射曹营。曹军行走皆须以盾牌护身，心怀恐惧。曹操下令仿造发石车，用机关发射石块，击碎木橹，袁军大惊，称之为“霹雳车”。

2 《左传·襄公五年》“旝（kuài）动而鼓”，许慎以“旝”为发石车，《说文》：“建大木置石其上，发以机，以追敌也。”

《御览》原文为：“《魏武本纪》曰：上与袁绍军于官渡，贼射于营中，行者皆被甲，众皆恐。上令：《传》言旝动而鼓。《说文》曰：旝，发石车也。乃造发石车。”

上言破袁绍[1]

建安五年（200）

原文

大将军邺侯袁绍[2]，前与冀州牧韩馥[3]，立故大司马刘虞，刻作金玺[4]，遣故任长毕瑜诣虞[5]，为说命禄之数[6]。又绍与臣书云："可都鄄城[7]，当有所立。"擅铸金银印[8]，孝廉计吏[9]，皆往诣绍。从弟济阴太守叙与绍书云[10]："今海内丧败，天意实在我家，神应有征，当在尊兄。南兄，臣下欲使即位，南兄言，以年则北兄长[11]，以位则北兄重。便欲送玺，会曹操断道[12]。"绍宗族累世受国重恩，而凶逆无道，乃至于此！辄勒兵马[13]，与战官渡。乘圣朝之威，得斩绍大将淳于琼等八人首，遂

译文

大将军邺侯袁绍，前曾与冀州牧韩馥同谋，拥立前大司马刘虞为帝，刻制了御用的金玺，派前任县长官毕瑜往见刘虞，向虞妄说天命之事，劝刘即位。袁绍又致书于臣，说道："鄄城地方可以建都，天子当兴于此。"擅自私造百官金银印，各地孝廉属吏人等都奔走于袁绍之门。袁绍从弟、济阴太守袁叙致信袁绍说："当今天下毁败丧乱，上天择立天子的意旨确实有钟于我袁家。神灵所在也有征验，应当就在兄长一身。南兄那边，他的臣下想要拥戴他即皇帝位，南兄本人说论年事是北兄为长，论权位也是北兄为重。即准备送上金玺。恰遇曹操兵阻断道路。"袁绍宗族世代沐受国家重恩厚德，却穷凶极恶，大逆不道，至此已极！因而臣即指挥所部兵马，与袁绍会战于官渡。凭仗圣朝的天威，力斩袁绍

大破溃。绍与子谭轻身进走[14],凡斩首七万余级,辎重财物巨亿[15]。(《魏志·武帝纪》注引《献帝起居注》)

大将淳于琼等八将首级,将袁逆彻底击溃。唯袁绍与其子袁谭空身狼狈而逃。共斩敌首七万余级,缴获粮饷、军械、财物等无数。

注释

1 建安五年,曹操与袁绍两军会战于官渡。战数月,十月,曹操烧袁军粮草,大破袁军十万,袁绍仅以八百骑逃归河北。此战击溃袁绍,冀、青、函、并四州豪强军阀势力由此不振,曹操统一北方的基础由此奠定。本篇是战后向献帝奏捷的表文。

2 **大将军邺侯袁绍:**袁绍当时只是领朝廷所封大将军虚衔,仍留河北。邺侯为袁的封爵。邺,在今河北临漳县西南。

3 **韩馥:**字文节,颍川人。董卓时领冀州牧,为当时重要的割据势力。

4 **"立故大司马"二句:**刘虞,字伯安,郯城人,东汉皇族,原函州牧。刘虞任大司马也是虚衔。袁绍等立刘虞刻玺事见《蒿里》注 8。

5 **任长:**古制,人口万户以上县,其长官称"令",万户以下称"长"。"任长"即任县长官。诣,往见。

6 **数:**古人所理解的、带有先验意味的必然性。

7 **鄄(juàn)城:**今山东鄄城县北。

8 **擅铸金银印:**古代百官所用印,因等次而有金、银、铜及大小之别,这里是说袁绍私铸百官印,阴谋另立朝廷。

9 **孝廉:**东汉选官的一种科目。郡国满二十万人者,每年选举一人,由朝廷任命官职。 **计吏:**州郡中的属官。

10 **济阴:**郡名,属兖州。 **叙:**袁叙,袁绍从弟。

11 **南兄、北兄:**分别指袁术与袁绍。

12 **会:**恰好遇上。

13 **勒:**部署,调动。

14 **谭:**袁谭,袁绍长子。袁绍死后,谭与其弟袁尚争冀州。后为曹操所杀。 **轻身:**空身。 **进走:**仓皇逃跑。

15 **“凡斩首”二句:**凡,共计。辎重,军械粮草等军用物资。巨亿,十万以上,言其多。

为徐宣议陈矫下令[1]

建安五年(200)

原文

丧乱以来,风教凋薄[2],谤议之言,难用褒贬。自建安五年以前,一切勿论,其以断前诽议者[3],以其罪罪之[4]。(《魏志·陈矫传》注引《魏氏春秋》)

译文

自天下动荡祸乱以来,教化衰微,风俗沦丧。其诽谤訾议的言论,不足以评断人之高下优劣。自建安五年以前有关风教之事,一切不再追究。如有用断限以前之事訾议他人的,就以他欲加之于人的罪名,惩治他自己。

注释

1 徐宣、陈矫同为曹操部下司空掾属。两人不睦。陈矫本姓刘,改姓后又娶本族(刘姓)女为妻。徐宣遂以“本族不婚”礼制为由,在广众中非议陈矫。曹操爱陈矫之才,为此下了这道令。

2 **风教:**教化风俗。 **凋薄:**衰败凋丧。

3 **“其以”句:**其,祈使语气词,表命令。断前,专门的规定界限以前。诽议,诽谤非议。

4 **“以其”句:**前一“罪”字是诽议者欲加于他人的罪名,后一“罪”字为动词,“治罪”的意思。这句意为:就以他加于别人的罪名反过来处治他本人。

加枣祗子处中封爵并祀祗令[1]

建安六年（201）

原文

故陈留太守枣祗[2]，天性忠能。始共举义兵，周旋征讨[3]。后袁绍在冀州，亦贪祗[4]，欲得之。祗深附托于孤，使领东阿令[5]。吕布之乱，兖州皆叛，惟范、东阿完在，由祗以兵据城之力也。后大军粮乏，得东阿以继，祗之功也。及破黄巾定许，得贼资业[6]，当兴立屯田，时议者皆言当计牛输谷，佃科已定[7]。施行后，祗白以为僦牛输谷，大收不增谷，有水旱灾除，大不便。[8]反复来说。孤犹以为当如故，

译文

原陈留太守枣祗，秉性忠笃而富才多能。起初与孤一同兴举讨贼的义兵，东征西伐，与贼周旋。之后袁绍在冀州时，了解枣祗才能，也想得他以为己用。而枣祗对孤笃诚不贰，始终追随。孤于是以枣祗为东阿县令。吕布为乱的时候，兖州几乎全境倒戈，背叛降贼，其中唯有范与东阿两地得以完好地保全，这完全是枣祗率军拒敌守城的结果啊。后来，孤大军粮食缺乏，有赖于东阿县粮草接济，也都是枣祗的功劳。直到击破黄巾军，定都于许，夺得贼方农具、耕牛等物资，势在兴办屯田之业。当时会同计议者都主张按租用牛数缴纳租谷，租税的条规已制定了，规定实施之后，枣祗提出，他认为按赁牛输租的办法，倘或丰收，所交租谷并不会增多，而一遇水旱之灾，又势必要减免，如此于国家大为不利。他反复对孤申说，孤仍然认为应维持原议，丰收的情况下也不能更

大收不可复改易。祗犹执之，孤不知所从，使与荀令君议之[9]。时故军祭酒侯声云[10]："科取官牛，为官田计[11]。如祗议，于官便，于客不便[12]。"声怀此云云，以疑令君。[13]祗犹自信，据计画还白，执分田之术[14]。孤乃然之，使为屯田都尉[15]，施设田业。其时岁则大收，后遂因此大田[16]，丰足军用，摧灭群逆，克定天下，以隆王室，祗兴其功。不幸早没，追赠以郡，犹未副之[17]。今重思之，祗宜受封，稽留至今[18]，孤之过也。祗子处中，宜加封爵，以祀祗为不朽之事[19]。（《魏志·任峻传》注引《魏武故事》）

改。枣祗却倔强地坚持己见。这时孤也不知听从哪种意见好，便教他与尚书令荀彧商议。当时前军祭酒侯声说："赁官牛输租，乃是为扩大官田着想；若依枣祗的意见，对官家来说有利，但不利于屯田客。官田因而也得不到扩大。"侯声此说令荀彧犹疑不能决断，枣祗依然自信，按自己的算计策划再向孤申说，坚持实行按产量分成计租的办法。这样孤才同意枣祗的意见，任他为屯田都尉，筹划施行屯田之事。当时，就在当年便获丰收，以后因循此法而屯田之业大兴。军用粮草因此得以充足，从而剿灭各路逆寇，克敌致胜，平定天下，复兴王朝，这一功勋乃是枣祗所创。其人不幸早逝，虽以郡太守追赠他，却仍与他卓著的功勋不相称。今天孤重新追念前情，枣祗理当受封，而延宕至今未办，完全是孤的过错。枣祗之子处中，应当授予封爵，并使对枣祗的祭祀成为永垂不朽之事。

注释

1 枣祗(zhī)，是早年随曹操讨董卓的将领。都许后，他提出了兴屯田的重要建议。受命为屯田都尉，为解决军队粮饷做出显著贡献。枣祗死后被追封为陈留太守，曹操追念他的功绩，又下此令给予他的儿子处中以封爵。本篇反映了曹操兴屯田的情况，有重要史料价值。

2 **陈留：**郡名，治所在今河南开封市南。

3 **周旋：**回旋往复，指与敌作战相机进退。

4 **贪:**此指求,欲得。

5 **东阿:**县名,今山东阳谷县阿城镇。

6 **得贼资业:**指曹操破黄巾所夺得的耕牛、农具、土地等。

7 **计牛输谷:**屯田农民按租用官牛的数目缴纳租粮。 **佃科:**征收租粮的章程。

8 **"祗白"四句:**白,陈述,告知。僦,租赁。这四句意为:枣祗陈述自己意见,认为计牛输谷则丰收时租粮并不增加,遇水旱灾害又不能不减免,于国家很不利。

9 **荀令:**指尚书令荀彧。

10 **军祭酒:**即"军师祭酒",相当于军中首席参谋。

11 **为官田计:**按牛收租,屯田农民便会扩大垦殖面积以增加收益,官田因得以扩大。

12 **客:**指屯田农户。

13 **"声怀此"二句:**怀此,持这种说法。云云,表示所引之语有所省略。以疑令君,使荀彧犹疑不决。

14 **分田之术:**按产量分成收租的办法。当时的规定是:用官牛屯田者官六客四,不用官牛者官民各半。

15 **屯田都尉:**相当于郡一级的掌管屯田的武官。

16 **大田:**扩大屯田。

17 **副之:**与功绩相称。

18 **稽留:**迁延,迟滞。

19 **"以祀祗"句:**给枣祗之子封爵,在封地内可享受租赋,故说对枣祗的祭祀可成为"不朽之事"。

举泰山太守吕虔茂才令[1]

约建安六年（201）

原文

夫有其志必成其事，盖烈士之所徇也[2]，卿在郡以来，禽奸讨暴，百姓获安。躬蹈矢石[3]，所征辄克。昔寇恂立名于汝、颍[4]，耿弇建策于青、兖[5]，古今一也。举茂才，加骑都尉[6]，典郡如故。（《魏志·吕虔传》）

译文

具有自己立定的志向而必定实践成全它，这应该是英烈之士不惜以性命相殉的。君治泰山郡以来，缉捕奸恶，征伐暴虐，使百姓得以安居。君亲身临战，不避箭石，凡所征讨，必当克胜。以往寇恂治汝、颍而立身扬名，耿弇在青、兖建立丰功，如今您同样建绩于此地，古今烈士之立身处世，原是相通的。特命举茂才，加封骑都尉，仍治理泰山郡。

注释

1 **吕虔：**字子恪，任城人。随曹操平定兖州。被任为泰山郡太守。在任期间，扑灭袁绍残余势力，并镇压了境内农民军。 **茂才：**秀才。东汉避光武帝刘秀讳，改“秀”为“茂”。

2 **徇：**通“殉”。

3 **躬：**亲身。

4 **寇恂：**字子翼，东汉昌平（今属北京市）人。刘秀据河内时，以寇恂为太守，由供应粮饷、镇压绿林军立功。后历任汝、颍太守，封雍奴侯。

5 **耿弇：**字伯君。从光武帝在青州、兖州时，多次正确地建议夺取战略要地邯郸，取邯郸后，封建德大将军。

6 **骑都尉**：一种荣誉武职，相当郡守一级的京城禁卫军军职。

军谯令[1]

建安七年（202）

原文

吾起义兵，为天下除暴乱。旧土人民，死丧略尽，国中终日行[2]，不见所识，使吾凄怆伤怀。其举义兵已来，将士绝无后者，求其亲戚以后之[3]，授土田，官给耕牛，置学师以教之。为存者立庙，使祀其先人。魂而有灵，吾百年之后何恨哉！（《魏志·武帝纪》）

译文

我兴举义兵，为天下诛除暴虐祸乱。战乱中，故土的人民已死亡殆尽了。在故乡走上整整一天，也见不到一个相识的故人，真令我伤感悲怆。特令：自我兴兵举义以来所部将士，其战死而没有后代的，即寻求他们亲戚的子弟承继他们的血脉，做他们的后代，并且发给后人田地，由官府配给耕牛，设置学校延请教师教育他们。要替这些后代给亡故的将士们立祠堂，使他们能祭祀他们的先辈。如果人的魂灵有知，为国殇亡的将士们应当瞑目了，而我在百年之后也不会愧对先我于地下的亡灵了。

注释

1 官渡之战后，曹操又败刘备于汝南。建安七年正月，驻军于其家乡谯县。慰问军中将士亲族，发布此令。军，驻军，驻扎。

2 **国中**：此指陈留、谯县等地。

3 **求其亲戚以后之:**“后”为动词,此句意为:寻找亲戚的子弟做他们的后代。

祀故太尉桥玄文[1]

建安七年(202)

原文

故太尉桥公,诞敷明德[2],泛爱博容,国念明训,士思令谟[3]。灵幽体翳,邈哉晞矣![4]吾以幼年逮升堂室[5],特以顽鄙之姿,为大君子所纳。增荣益观[6],皆由奖助,犹仲尼称不如颜渊[7],李生之厚叹贾复[8]。士死知己[9],怀此无忘。又承从容约誓之言:“殂逝之后,路有经由,不以斗酒只鸡过相沃酹,车过三步,腹痛勿怪。[10]”虽临时戏笑之言,非至亲之笃好,胡肯为此辞乎?匪谓灵忿[11],能诒

译文

前太尉桥公,有淳美的品德广布于四方,宽厚的仁爱博及于万众。国家怀念您明睿的训导,士君子回想您高远的谋略。无奈您的灵魂已驻于冥间,身躯没于土壤,生命之露久已晞干。我幼年即有幸得近先生,以自己顽钝愚劣的资质,而受到您这位大贤的接纳。以您的奖劝扶助,显耀了我的荣名,增广了我的才识。先生对我的谬赏,犹如孔子逊言自己不如颜渊、李生慨叹贾复将为将相一样。士有知己死而无憾,先生的金石之言我永怀不忘。又先生曾平静从容地与我约誓:“我死之后,倘若你路经我的墓前,而不以鸡一只、酒一斗浇奠我墓,那么车过三步之远,必然腹痛,那时莫怪。”虽是一时游戏调笑的话,但若非至亲的家人、至好的友朋,怎么会说出这样的话呢?望先生之灵,听我郑重一言:今相祭祀,非为畏惧先生灵

已疾[12],旧怀惟顾,念之凄怆。奉命东征[13],屯次乡里,北望贵土[14],乃心陵墓[15]。裁致薄奠,公其尚飨[16]!(《魏志·武帝纪》注引《褒赏令》)

魂之责备,因以致我疾病,而实为难舍旧日之谊,每一追念,为之凄恻伤悲。今我奉命东征,军队屯驻于故乡,北望您灵魂所在的高贵的土地,心中想望着您在地下的风范。谨置备微薄的祭礼,恭请您到此享用!

注释

1 桥玄,字公祖,梁国睢阳(今河南商丘南)人。张番《汉纪》说他"历中外以刚断称,谦俭下士,不以王爵私亲。……当世以此称为名臣"。光和中曾为太尉。又《魏书·武帝纪》载:"玄谓太祖(曹操)曰:'天下将乱,非命世之才不能济也,能安之者,其在君乎!'"曹操非常感戴桥玄的知己之遇。驻军谯县时,特派人至睢阳隆重拜祭桥玄,亲自写了这篇祭文。

2 **"诞敷"句:**诞,宽阔。敷,传播。

3 **令谟:**令,美好的,良好的。谟,谋略。

4 **"灵幽体翳"二句:**幽,幽冥,地下。翳,遮蔽,掩埋。又树木枯死倒伏为翳。晞,露水蒸干,指死亡。这两句是感叹桥玄之死。

5 **逮升堂室:**逮,及、到。升堂室,喻关系亲近。

6 **益观:**增广见识。

7 **"犹仲尼"句:**《论语·公冶长》:"子谓子贡曰:'女与回也孰愈?'对曰:'赐也何敢望回?回也闻一以知十,赐也闻一以知二。'子曰:'弗如也,吾与女弗如也。'"颜渊(回)是孔子的弟子,曹操用这一典故比喻桥玄当年对他的赏识,同时又恭维了桥玄贤人自谦的品德。

8 **"李生"句:**《后汉书·贾复传》载,贾复少年时求学于舞阳李生,李生认为他将为将相之才。

9 **士死知己:**士甘为知己者而死。

10 **"殂逝"五句:**这是回想当年两人约定之言:"我死后,你如路经墓前,请务必以鸡酒祭奠,否则车过三步必会腹痛,休怪我。"沃酹,以酒浇地奠祭。

11 **匪谓灵忿:**匪,非。灵忿,魂灵气忿。

12 **诒:**给予。

13 **奉命东征:**曹操建安六年东征刘备。

14 **北望贵土:**睢阳在谯县北一百三十里。

15 **乃心:**心中想望。

16 **尚飨:**祭文末惯用语,意为希望死者来享用祭物。

修学令[1]

建安八年(203)

原文

丧乱以来,十有五年,后生者不见仁义礼让之风[2],吾甚伤之。其令郡国各修文学[3],县满五百户置校官,选其乡之俊造而教学之[4],庶几先王之道不废[5],而有以益于天下。(《魏志·武帝纪》)

译文

今世遭逢战乱已经一十五年,先世仁义礼让的美好风尚,出生较晚的少年连看也来不及看到。这种现实,让我十分痛心。特令各郡、各国务必兴办文学事业。凡满五百户之县应设校官,挑选乡里有才识者入学进行教育。或许先王之道可以由此而不致凋敝,因而有益于天下。

注释

1 曹操"外定武功,内修文学",虽处战乱,犹不忘文明风化及教育。

2 **后生者:**出生较晚的人。

3 **"其令"句:**郡国,"国"指当时的诸侯国。文学,汉以前的"文学"概念,包括一切文化学术。

4 **俊造:**才智杰出的人。

5 **庶几:**或许能够,表期待的语气。

请爵荀彧表[1]

建安八年(203)

一

原文

臣闻虑为功首,谋为赏本,野绩不越庙堂[2],战多不逾国勋[3]。是故曲阜之锡,不后营丘[4];萧何之土,先于平阳[5]。珍策重计,古今所尚。侍中守尚书令彧[6],积德累行,少长无悔,遭世纷扰,怀忠念治。臣自始举义兵,周游征伐,与彧勠力同心[7],左右王略[8]。发言授策,无施不效。彧之功业,臣由以济[9],用披浮云,显光日月。陛下幸许[10],彧左右机近[11],忠恪祗顺[12],如

译文

臣听说,智虑远思是功劳中首要的功劳,筹谋划策是在封赏中最应得到封赏的。鏖战于沙场,功劳不超过运筹决胜于庙堂帷幄;屡战屡胜,也不能逾越辅政立国的殊勋。因而武王封曲阜于周公,不下于封营丘给姜尚;高祖对酂侯萧何的封赏,高于平阳侯曹参。宝贵的策略、重大的计谋,是古今所同样崇尚的。今侍中守尚书令荀彧,懿德美行,累积无亏,自少年到长成,少有过失。遭逢乱世,怀抱一腔忠贞,企望太平治世。臣自当年兴举义兵,东征西伐,便与荀彧同心协力,参与朝廷策划。凡荀彧所出的议论方策,行之无不收到奇效。由荀彧赞画之功,臣才得以成事,因此而扫荡浮云,使日月无比光耀。陛下幸许昌以来,荀

履薄冰[13]。研精极锐[14]，以抚庶事。天下之定，彧之功也。宜享高爵，以彰元勋[15]。(《魏志·荀彧传》注引《彧别传》)

彧处您左右身掌机要，恭敬忠顺，如履薄冰。处理国家政务，推敲琢磨，精深审慎。方今天下之平定，实是荀彧之功劳。臣以为荀彧应当享有崇高的爵位，用以表彰显扬他至大的功勋。

注释

1 荀彧是曹操最重要的谋士，在曹军的各次重大战事中，他都正确地为曹操运筹划策，助曹操扭转形势，节节胜利，统一北方。建安八年曹操以荀彧卓绝的功绩上表为他请封，表封荀彧为万岁亭侯。荀彧逊让，把表奏压下。曹操致书荀彧——《与荀彧书(三)》，劝说他，他才接受。建安十二年，曹操又请增封荀彧，上《请增封荀彧表》，荀彧再辞，曹操写《报荀彧》，荀彧才受。

2 **"野绩"句:**野绩，在外征战的功劳。庙堂，朝廷宗庙，引申为对战争或政事的运筹谋划。

3 **国勋:**建国的功劳。

4 **"是故"二句:**周公旦在朝辅政，被封于曲阜为鲁公；而姜尚在外战伐征讨，被封于营丘为齐公。锡，赏赐。不后，不下于，不次于。

5 **"萧何"二句:**《史记·萧相国世家》:汉高祖论诸臣功绩，萧何第一，功在辅政建国；曹参第二，功在征战。

6 **侍中:**皇帝的侍从顾问官。 **守:**主管。 **尚书令:**东汉时为掌管朝廷政务长官。

7 **勠力:**并力，合力。

8 **左右王略:**参与、辅助修正朝廷决策。

9 **臣由以济:**臣以此(彧之功业)才得以成事。济，成，成功。

10 **幸:**皇帝亲临专称为"幸"。

11 **左右机近:**在皇帝左右掌管机要。

12 **悟:**诚。 **祗:**敬。

13 **如履薄冰:**语出《诗经·小旻》:"战战兢兢，如履薄冰。"形容人心怀戒惧、极其谨慎庄肃的样子。

14 **研精极锐**:钻研琢磨得非常精到深刻。

15 **元勋**:大功,首功。

二

原文

守尚书令荀彧,自在臣营,参同计画。周旋征伐,每皆克捷,奇策密谋,悉皆共决。及彧在台[1],常私书往来,大小同策。《诗》美腹心[2],《传》贵庙胜[3],勋业之定,彧之功也。而臣前后独荷异宠,心所不安。彧与臣事通功并,宜进封赏,以劝后进者。(《魏志·荀彧传》注引《彧别传》)

译文

守尚书令荀彧,自从到臣军营中,即参与定计划策,随臣东西征伐,每战必捷。其中出奇的方略和机密的谋划,一切都与他共同决策。至他处尚书台之后,常与臣书信往来,事无大小,仍旧同心策划。《诗》曾深情赞美公侯的心腹,《传》则尊崇从智略上先胜敌人,这些,也都是对荀彧的赞美!当今国家事业的垂成,也实是荀彧的功绩!然而,只为臣一人独自承蒙国家前后给予的殊遇尊荣,特为感到惴惴不安。荀彧与臣事属同列,功劳并肩,应当增进其封赏,以勉励后之来者。

注释

1 **台**:尚书台,主管尚书的机构。

2 **《诗》美腹心**:《诗经·兔罝》:"赳赳武夫,公侯腹心。"赞美武夫为公侯心腹人。

3 **《传》贵庙胜**:《孙子·计篇》:"兵未战而庙算胜者,得算多也。"作战首要的是在事先的谋算上胜过敌方。

与荀彧书（三）

建安八年（203）

原文

与君共事已来，立朝廷，君之相为匡弼[1]，君之相为举人[2]，君之相为建计，君之相为密谋，亦已多矣。夫功未必皆野战也，愿君勿让。（《魏志·荀彧传》注引《彧别传》）

译文

与您共事以来，同立于朝廷，您之为曹操匡正辅佐，您之为曹操举荐人才，您之为曹操献计划策，您之为曹操缜密筹谋，凡此种种，已足多多。立功未必定要效命沙场，封爵对您理所应当，望您不要辞让。

注释

1 **匡弼：**纠正与辅助。

2 **举人：**举荐人才。荀彧以知人著称，先后举戏志才、郭嘉、荀攸、钟繇等人于曹操，所荐人都在曹操事业中起到重要作用。

败军抵罪令[1]

建安八年（203）

原文

《司马法》[2]:将军死绥[3]。故赵括之母,乞不坐括。[4]是古之将者,军破于外,而家受罪于内也。自命将征行,但赏功而不罚罪,非国典也[5]。其令诸将出征,败军者抵罪[6],失利者免官爵。(《魏志·武帝纪》,《文馆词林》卷六九五)

译文

据《司马法》:将士临阵畏逃者处死。赵括的母亲请求不要因赵括战败而连坐处罚她自己,这表明古代将领倘在外作战失败,那么在家的亲属便要承当罪责。自孤派遣将领出外征战,只赏赐有功人员而不惩罚戴罪者,这不能算是应有的国家典则。特令:各将领率军出征,战败者要依法治罪,造成军事上失利的,免去官职爵位。

注释

1 建安八年春曹操破袁谭、袁尚,还许后整顿军法,纠"赏功而不罚罪"之谬,发布此令。《魏志·武帝纪》题为《败军令》,据《文馆词林》补。

2 **《司马法》:**古兵书,相传战国时齐威王命人汇编司马所掌文籍而成。

3 **将军死绥:**将士临阵畏逃,处以死刑。绥,畏怯,退缩。

4 **"故赵括"二句:**据《史记·廉颇蔺相如列传》,赵国名将赵奢之子赵括,专能纸上谈兵,赵王欲以括为帅替廉颇拒秦。括之母上书劝阻,赵王不听。赵母便请求:倘括战败,勿连坐亲属而治罪于母。括果败,母未受累。

5 **国典:**国家法律制度。

6 **抵罪:**依法治罪。

论史士行能令[1]

建安八年（203）

原文

议者或以军吏虽有功能，德行不足堪任郡国之选[2]。所谓“可与适道，未可与权[3]”。管仲曰：“使贤者食于能则上尊，斗士食于功则卒轻于死，二者设于国则天下治。[4]”未闻无能之人，不斗之士，并受禄赏，而可以立功兴国者也。故明君不官无功之臣，不赏不战之士，治平尚德行，有事赏功能[5]。论者之言，一似管窥虎欤[6]。

译文

议论者有人认为：军中将领虽有战功与本领，但他们在道德品行的修养方面不足以担任一郡一国的长官。正像《论语》所说：“可以与他们共同依从于大道，而不可让他们也通达权变。”然而管仲说过：“倘若使贤能的人凭自己的才能而享俸禄，权位在上的人便受到尊重；战斗之将士以战功而享禄受赏，士卒作战便会舍生忘死。这两者得以施行于国家，天下必定大治。”从来不曾听说在无才无能的人或从不陷阵的将士，同样能得到爵禄封赏的地方，会有将士立功、国家振兴的情况。因而贤明的君主，不会委任无功的臣子以官职，也不会给予不作战的将士以赏赐；国家太平安治时期不妨崇尚德行，而战事当前的年代却必定要奖赏有功有能之人。以上议论者的言论，完全是以管窥虎，偏狭之见罢了。

注释

1 官渡之战后，曹操所辖区域扩大，因从军中遴选有战功有才干的将吏充任地方长官。当时有人以“军吏虽有功能,德行不足堪任郡国之选”之论相非议。曹操遂下此令。

2 **郡国之选:**郡、国长官的人选。

3 **可与适道,未可与权:**《论语·子罕》:“可与适道,未可与立;可与立,未可与权。”意为:可以与之共同遵从正道的人,未必能与之共同笃守道的原则;能够笃守道的人,又未必懂得道的更高境界而掌握随机权变的方法。

4 **“使贤者”三句:**出自《管子·法法》。食于能,凭借才能得到养身的俸禄。

5 **有事:**指战乱。

6 **管窥虎:**即以管窥豹,未见全貌。

破袁尚上事[1]

建安九年(204)

原文

臣前上言逆贼袁尚还[2],即厉精锐讨之[3]。今尚人徒震荡[4],部曲丧守,引兵遁亡。臣陈军披坚执锐,朱旗震耀,虎士雷噪。望旗眩精[5],闻声丧气,投戈解甲,翕然沮坏[6]。尚单骑进走,捐弃伪节,钺铁,大将军、邟乡侯印各一枚[7],兜鍪

译文

自臣上报袁尚回救邺城事后,便激励所部精锐将士前往征讨。当时尚军军心震恐动荡,部队放弃阵地,袁尚领军溃逃。臣麾军披坚甲,执锐器,红旗赫赫耀眼,虎威之勇士,呼喊鼓噪如雷鸣。袁军望旌旗而失魂,闻鼓噪而丧魄,丢戈弃甲,彻底崩溃瓦解了。袁尚单人匹马仓皇逃窜。丢弃伪节,钺铁,大将军、邟乡侯印各一枚,头盔一万

万九千六百二十枚[8],其矛盾弓戟,不可胜数。(《御览》卷三五六)

九千六百二十个,其他如矛、盾、弓、戟等军械,无以数计。

注释

1 建安九年二月,袁尚出兵与其兄袁谭相残。曹操趁机围袁尚巢穴邺城。他攻克邯郸,引漳河水灌邺。七月,袁尚率军回救,曹操得大破袁尚。八月,攻克邺城。本篇是曹操报告击败袁尚的奏章。

2 **袁尚还:**指袁尚回救邺城事。

3 **厉:**同"励",激励,鼓励。

4 **人徒:**兵士。

5 **眩精:**神情迷乱,丧魂落魄。

6 **翕然:**一致,全然。 **沮坏:**崩颓,瓦解。

7 **伪节:**节,符节,古代授命将帅领兵出征的凭证。伪,非法制造的。 **祁乡:**在今河南汝州市东。

8 **兜鍪:**头盔。

蠲河北租赋令[1]

建安九年(204)

原文

河北罹袁氏之难[2],其令无出今年租赋!(《魏志·武帝纪》)

译文

河北苦受袁氏蹂躏之祸,特令:河北百姓无须交纳今年的田租赋税!

注释

1 建安九年，曹操夺取冀州。献帝令操领冀州牧。河北一带由于袁氏的横暴统治，农业衰敝。为复苏农事，取得民心，曹操下了这道蠲租令。

2 **罹：**遭受。

抑兼并令[1]

建安九年（204）

原文

"有国有家者，不患寡而患不均，不患贫而患不安。"[2]袁氏之治也，使豪强擅恣，亲戚兼并；下民贫弱，代出租赋，炫鬻家财[3]，不足应命。审配宗族[4]，至乃藏匿罪人，为逋逃主[5]；欲望百姓亲附，甲兵强盛，岂可得邪！其收田租亩四升，户出绢二匹、绵二斤而已，他不得擅兴发[6]，郡国守相明检察之[7]，无令强民有所隐藏，而弱民兼赋也。（《魏志·武帝纪》注引《魏书》）

译文

"主宰诸侯国和封邑的人，不必担心自己治下的人民寡少，而只怕分配不均，不必忧虑人民贫困而只怕他们得不到安定。"袁氏家族辖治河北，使得豪强们恣意妄为，他们的亲戚也疯狂地兼并。小民们贫穷懦弱，不得已还要代他们交纳已被侵夺的土地的租赋，即使变卖家产，也不足应付其强横的索讨。审配一门宗族，甚至于藏匿罪犯，成为逋逃的窝主。值此情形，要想得到百姓拥戴亲附，军队强大，何从谈起！特令：收田租每亩只四升，并每户交纳绢二匹、绵二斤，以此为限。其他不得自立名目征发。各郡守、国相要严明检查，不得让豪强之民有何私藏隐瞒，而让贫弱之民为他们出双倍租赋。

注释

1 土地兼并是封建社会主要而常趋严重的社会问题之一。东汉后期，兼并剧烈，在袁绍集团盘踞下的河北，豪强贵族仗权势强夺侵吞土地的现象更其严重。曹操据冀州后，立即下了此令。

2 **“有国有家”三句**：语出《论语·季氏》，原文为“不患贫而患不均，不患寡而患不安”。

3 **炫鬻**：犹叫卖，公开拍卖。

4 **审配**：袁绍重要谋士，河北大豪强。被曹操所杀。

5 **逋逃主**：逃亡罪犯的窝藏者。

6 **兴发**：立某种名目征收。

7 **郡国守相**：郡守与国相。国相为诸侯国行政长官。

整齐风俗令[1]

建安十年（205）

原文

阿党比周[2]，先圣所疾也。闻冀州俗，父子异部[3]，更相毁誉[4]。昔直不疑无兄，世人谓之盗嫂[5]；第五伯鱼三娶孤女，谓之挝妇翁[6]；王凤擅权，谷永比之申伯[7]；王商忠义，张匡谓之左道[8]：此

译文

拉帮结派，朋比为奸，自古为圣人所深恶痛疾。听说冀州民风，虽为父子，若分属两派，也必相互诋毁、绝无亲情。古时直不疑并无兄长，然而有人指说他与嫂通奸；第五伯鱼三度娶妻，都是丧父的孤女，竟有人非议他殴打岳丈；王凤专权无道，谷永却无耻地把他比为忠诚的周朝名臣申伯；而王商真正心怀忠直，张匡反而诬蔑他为左道

皆以白为黑，欺天罔君者也[9]。吾欲整齐风俗，四者不除，吾以为羞。(《魏志·武帝纪》)

旁门之辈。凡此种种，都是颠倒黑白，欺瞒天心，蒙骗君主的恶例。而今我决意整顿风气，诸如上述四种现象，只要一日不除，我便深感羞耻。

注释

1 由于战乱争斗的影响，冀州地区风气败坏，曹操下令整顿。

2 **阿党比周：**阿党，阿私，偏袒一方。比周，相互勾结笼络。

3 **异部：**分属不同派别。

4 **毁誉：**诋毁或赞誉。这里用其偏义，指诋毁。

5 **"昔直不疑"二句：**直不疑，西汉时南阳人，文帝时任中大夫。有人诋毁他私通其嫂，直不疑说：我从来就没有哥哥。

6 **"第五伯鱼"二句：**第五伯鱼，复姓第五，名伦，字伯鱼，长陵（今陕西咸阳东北）人，尝随淮南王入朝，光武帝问他：听人说你殴打自己的岳父？伯鱼答道：我三次娶妻，都是无父亲的孤女。

7 **"王凤"二句：**王凤，元城（今河北大名东）人，西汉成帝舅父，位重专权。长安人谷永欲依附王凤，上书将王凤比为周宣王勋臣申伯，因此授光禄大夫。

8 **"王商"二句：**王商，蠡吾（今河北博野县）人，西汉成帝时丞相，因不满王凤被害。而大中大夫张匡为逢迎王凤，却上书诬蔑王商"执左道以乱政"。左道，邪道。

9 **罔：**蒙骗。

请封荀攸表[1]

建安十年（205）

原文

军师荀攸[2]，自初佐臣，无征不从，前后克敌，皆攸之谋也。(《魏志·荀攸传》)

译文

军师荀攸，自从当初辅佐臣下以来，每遇战斗必然从征，前后大小战役，克敌取胜，都出于荀攸之智谋。

注释

1 荀攸先后从曹操征张绣、吕布、袁绍、袁谭、袁尚，运筹划策，屡有奇功。建安八年，在袁谭、袁尚之争中，劝曹操先助袁谭攻尚，再各个击破，曹操采纳，终定冀州。之后，曹操上表请封荀攸为"陵树亭侯"。

2 **军师**：官名，军事参谋。

手书答朱灵[1]

建安十年（205）

原文

兵中所以为危险者，外对敌国，内有奸谋不测之变。

译文

兵事中认为极为危险的是，对外面临敌方的威胁，而内部又有奸恶之昔邓禹中分光武军西行，而有宗歆、冯愔之难，后将二十四骑还洛阳。[2]禹岂以是减损哉！来书恳恻，多引咎过[3]，未必如所云也。（《魏志·徐晃传》注引《魏书》）

徒阴谋发动难以预料的事变。往昔邓禹向光武帝分兵西征，途中遭遇宗歆、冯愔的变乱，结果仅率二十四骑人马逃归宜阳。然而邓禹的威名难道会因此而削弱吗？来信恳切内疚，过分归咎于己，也许未必如你所诉。

注释

1 朱灵，字文博，清河鄃县（今山东平原县西南）人，原为袁绍部将，后降曹操为后将军。曹操派朱灵率军往驻许南，中途中郎将程昂反叛，朱灵斩之。事后他向曹操报告，表示自责。曹操复此信答之。

2 **“昔邓禹”三句：**东汉光武帝分兵给邓禹去镇压赤眉军。邓禹派部将宗歆、冯愔守栒邑，两人内讧，冯杀宗后又攻邓禹。后邓禹为赤眉所败，仅余二十四骑逃回宜阳。“洛阳”应为“宜阳”。

3 **引：**自我承当。

明罚令[1]

建安十一年（206）

原文

闻太原、上党、西河、雁门，冬至后百五日皆绝火寒食，云为介子推[2]。子胥沉江[3]，吴人未有绝水之事，至

译文

听说太原、上党、西河、雁门四郡的风俗，在冬至后第一百零五天禁火吃冷食，据说是为悼念介子推而这样做的。伍子胥沉尸于江水中，吴国人并不因此

于子推独为寒食，岂不偏乎？且北方冱寒之地[4]，老少羸弱，将有不堪之患。令到，人不得寒食。若犯者，家长半岁刑，主吏百日刑，令、长夺一月俸。（《艺文类聚》卷四）

而禁水不饮。而对于介子推却独独兴寒食之事，这难道不过于偏狭了吗？况且北方冰封雪盖的酷寒地方，老人与儿童身体瘦弱，恐怕会发生忍受不了寒食的祸事。自命令传达之日起，任何人不得再坚持寒食之俗。如有违犯的，家长处以半年徒刑，主管官吏一百天徒刑，县令、县长罚薪俸一月。

注释

1 建安十一年曹操西征高干，三月占据并州。并州所属太原、上党、西河、雁门诸郡流行寒食之俗。曹操认为有弊当禁，特下此令。

2 **“冬至”二句：**介子推，又作“介之推”，春秋时人。曾随晋文公长期流亡。晋文公做国君后他与母亲一同隐居绵上（今山西介休东南）山中。晋文公寻介子推出山，在绵山找不到他，便放火烧山，欲逼其出。介子推坚持不愿出仕，被烧死于山中。于是当地逐渐形成民俗，每年在介子推焚死的这一个月中，不举火，只吃冷食，后改在冬至后第一百零五天，是为“寒食节”。

3 **子胥沉江：**伍员，字子胥，春秋时吴国大夫，助吴王阖闾攻破楚国，吴国遂强。后因谏夫差而得罪赐死，沉尸于江。

4 **冱寒：**严寒封冻。冱，闭塞。

求言令[1]

建安十一年（206）

一

原文

夫治世御众[2]，建立辅弼[3]，诫在面从[4]。《诗》称"听用我谋，庶无大悔"[5]，斯实君臣恳恳之求也。吾充重任，每惧失中[6]，频年以来，不闻嘉谋，岂吾开延不勤之咎邪[7]？自今以后，诸掾属、治中、别驾[8]，常以月旦各言其失[9]，吾将览焉。（《魏志·武帝纪》注引《魏书》，《文馆词林》卷六九五）

译文

治理社会，统御群众，要设置能匡正过失的辅弼大臣，而特别警诫那种仅仅是当面顺从的习气。《诗经》说："如能听从我的忠告，或许就不会有大的祸患。"这实在是君主和臣子所共同诚诚恳恳地谋求的良好风气。我肩负国家重任，时常担心有失于中道，发生偏颇。多年以来，一直没有听到出色良好的主张建议，我常自问，这是否是由于我征询接纳意见不够勤谨呢？自今以后，各掾属、治中、别驾，每当月初各自指出我的过失，我将阅览这些报告。

注释

1 为开言路，建安十一年十月曹操下求言令，令部属进言，并形成制度。

2 **治世御众**：治理社会，管理群众。

3 **辅弼**：指天子左右的辅佐大臣。《尚书大传》："古者天子必有四邻：前曰疑，后曰丞，左曰辅，右四弼。”

4 **诚在面从**：《尚书·益稷》：“汝无面从，退有后言。”意为：你不要当面则表示顺从，背后却有不满的言词。

5 **“听用”二句**：出于《诗经·抑》。悔，灾祸。

6 **失中**：失之中道，即发生偏差。

7 **开延**：开门延纳，请进接待，引申为虚心征求意见。

8 **治中、别驾**：治中是州刺史助理，专司文书。别驾是州刺史的佐吏。

9 **“常以”句**：月旦，月初。常，这里指时间固定，每次至期必行。

二

原文

自今诸掾属、侍(治)中、别驾，常以月朔各进得失[1]，纸书函封，主者朝常给纸函各一。(《初学记》卷二一)

译文

自今日起，各掾属、治中、别驾，每当每月初一各将政事得失进呈，写于纸上，加函封，主管者每在朝会时发给纸与封套各一。

注释

1 **月朔**：旧历每月初一日。

表称乐进于禁张辽[1]

建安十一年（206）

原文

武力既弘[2]，计谋

译文

既有精良的武艺，超人的勇力，又具备

周备，质忠性一[3]，守执节义。每临战攻，常为督率，奋强突固[4]，无坚不陷。自援枹鼓[5]，手不知倦。又遣别征，统御师旅，抚众则和，奉令无犯，当敌制决[6]，靡有遗失[7]。论功纪用，各宜显宠。（《魏志·乐进传》）

完美的智计良谋，素质忠淳，品性专一。固守节操，秉执大义。每当临战攻击，常常亲率士卒，指挥督战，奋勇冲突，虽有精强之劲敌，深固之营垒，所向无坚不摧。陷阵时亲擂战鼓，激发士气，手不知疲乏。当接受派遣，分兵征战，统率军旅，则能抚恤部下，团结和睦。遵奉军令，从无冒犯。遇敌时定策决断，并未有过差失——乐进、于禁、张辽三人，以功绩而行任命升赏，每人都应当给予显要的待遇和荣誉。

注释

1 曹操任人，体现"宰相必起于州部，猛将必发于卒伍"（韩非语）的思想，不拘门第。乐进、于禁、张辽都是他部下战功卓著的将领。乐进字文谦，阳平卫国人，原为曹操下级官吏，以战功擢升右将军。于禁字文则，泰山巨平人。原为鲍信部下士卒，归附曹操后拜为军司马、左将军。张辽字文远，雁门马邑人。原吕布部将，归曹操后任为中郎将，后封中坚将军。建安十一年，曹操上表请封乐进为折冲将军，于禁为虎威将军，张辽为荡寇将军。

2 **武力**：武艺与力量。

3 **性一**：秉性专一。

4 **奋强突固**：奋力冲突强固之敌。

5 **自援枹鼓**：亲自持着鼓槌击鼓激励士气。枹，同"桴"，鼓槌。

6 **当敌制决**：临敌决断。

7 **靡**：没有。

封功臣令[1]

建安十二年（207）

原文

吾起义兵、诛暴乱，于今十九年[2]，所征必克，岂吾功哉？乃贤士大夫之力也[3]。天下虽未悉定，吾当要与贤士大夫共定之；而专飨其劳，吾何以安焉！其促定功行封。（《魏志·武帝纪》）

译文

我举义兵除暴平乱，至今一十九年。凡所征讨，每战必胜，这难道仅仅是我一人之功吗？都赖诸位优秀将士出力啊！当前天下固然尚未完全平定，然而那是我将要与诸位优秀将士勠力同心共同去平定的！如今我一人独享战功的劳赏，让我如何得以心安呢！目前，必须立即考定功绩，速行封赏。

注释

1 曹操灭袁绍后，建安十一年，西征并州高干，东征海贼管承，并完成北征乌桓的准备，于建安十二年二月返邺城。为激励部下，更图大业，下《封功臣令》。封有功者二十人为列侯，以下依次封。同时，又下《分租与诸将掾属令》，免去死难将士子女赋役，并分自己封地的赋税给予这些遗孤及其他人等。

2 曹操自中平六年（189）起兵于陈留郡，至建安十二年（207）共十九年。

3 **贤士大夫：**指有功将士。《周礼》谓师帅为中大夫，旅帅为下大夫，卒长为上士，因以“士大夫”统称将士。

分租与诸将掾属令

建安十二年（207）

原文

昔赵奢、窦婴之为将也，受赐千金，一朝散之[1]，故能济成大功，永世流声；吾读其文，未尝不慕其为人也。与诸将士大夫共从戎事，幸赖贤人不爱其谋[2]，群士不遗其力，是以夷险平乱[3]，而吾得窃大赏，户邑三万。追思赵窦散金之义，今分所受租与诸将、掾属及故戍于陈、蔡者[4]，庶以畴答众劳[5]，不擅大惠也。宜差死事之孤[6]，以租谷及之。若年殷用足[7]，租奉毕入，将大与众人悉共飨之[8]。（《魏志·武帝纪》注引《魏书》、《文馆词林》卷六九五）

译文

从前赵奢、窦婴做军队统帅的时候，自己得到千金的赏赐，没多久就全部给散于部下，因此才能够成就大功业，声名美誉永远流播。我读到如此文章的时候，不能不羡慕他们的为人。我与诸位将士们一起从军作战，幸而托赖优异之士不吝惜自己的智谋，各位勇士倾尽自己的武力，这样才得以扫除险阻，荡平祸乱。而我却独自窃享了丰厚的赏赐，食邑三万户。追想赵奢、窦婴散金分赏的崇高精神，今天特将自己封地所得租赋赠给众将士、掾属，以及起初在陈、蔡追随我作战的战士，或许能聊以酬答大家的劳绩，也令我能不独自妄受过大的恩惠。另外，应对死难者遗孤分出等差，将租谷分给他们。倘或年成丰收，用度充足，租赋俸禄得以全数收缴的话，我当尽数与大家共享。

注释

1 **"昔赵奢"三句:**赵奢,战国时赵国名将,因大破秦军,得赵王封赏,他将所得赏赐全数分给部下。窦婴,汉景帝大将,平七国叛乱。得赏金千斤,置于廊檐下,任部下自行取用。

2 **爱:**吝惜。

3 **夷:**消灭,荡平。

4 **陈、蔡:**今河南淮阳、上蔡一带,曹操初起兵处。

5 **畴:**通"酬"。

6 **宜差死事之孤:**差,分出等级。死事之孤,死难者的遗孤。

7 **年殷:**年成富足,丰收。

8 **大:**多半。数量过半称为"大"。

下令大论功行封[1]

建安十二年(207)

原文

忠正密谋,抚宁内外,文若是也;公达其次也。(《魏志·荀攸传》)

译文

忠忱正直,谋划周全,外则抚平天下,内则宁定朝堂。这正是文若先生之为人,公达先生仅在其次。

注释

1 曹操大行论功封赏,以荀彧、荀攸为首功。文若,荀彧字;公达,荀攸字。

请增封荀彧表

建安十二年（207）

原文

昔袁绍作逆，连兵官渡。时众寡粮单，图欲还许。尚书令荀彧，深建宜住之便，远恢进讨之略[1]，起发臣心，革易愚虑，坚营固守，徼其军实[2]。遂摧扑大寇，济危以安。绍既破败，臣粮亦尽，将舍河北之规，改就荆南之策[3]。或复备陈得失，用移臣议，故得反旆冀土[4]，克平四州。向使臣退军官渡，绍必鼓行而前，敌人怀利以自百[5]，臣众怯沮以丧气，有必败之形，无一捷之势。复

译文

当年袁绍谋反作乱，聚集兵马于官渡。当时我军兵少粮缺，正想要退回许昌。是尚书令荀彧，深刻地阐明按兵相持的利便，高瞻远瞩地阐述了进兵征讨的方略。臣内心受到启动感发，改变了当初愚劣的思谋。因而加固营垒，顽强坚守，并出奇兵邀击截获了敌人的粮草辎重。从而摧枯拉朽，扑灭了强大的贼寇，转危难为安泰。袁绍崩溃败灭之后，我军粮草也已告尽，当时臣已准备舍弃对河北的意图，改谋进击荆南。又是荀彧在关键形势下详尽地陈说利害得失，因而使臣再次改移原议，这样才取得了回师冀域、平定四州的胜利。当初倘若臣从官渡退军，袁绍军必然擂着战鼓踊跃追来，其将卒也将因为人人贪图缴获之利而士气百倍，反过来我军兵众也会怯馁沮丧，如此形势，只有必败的结局，绝无一胜的侥幸。又倘若当初以臣的初意南征刘表，那么将丢弃兖、豫两州，而以饥馁疲乏的大军深入

若南征刘备，委弃兖、豫，饥军深入，逾越江、沔[6]，利既难要[7]，将失本据。而彧建二策，以亡为存，以祸为福，谋殊功异，臣所不及。是故先帝贵指踪之功，薄搏获之赏[8]；古人尚帷幄之规，下攻拔之力[9]。原其绩效，足享高爵。而海内未喻其状，所受不侔其功[10]，臣诚惜之。乞重平议，增畴户邑。（《后汉书·荀彧传》）

敌境，越长江，渡沔水，谋求未得的实利既已困难，恐怕还会丢失已经据有的本土。荀彧所建树的两次方策，转败亡为存活，变奇祸为景福，乃是奇绝之谋，殊异之功，为臣下所远远不及。因此高祖珍重“指示踪迹”的功劳，而菲薄“捕获猎物”的赏赐。古人尊崇帷幄中的运筹之规，而以攻城拔地之劳为次。考校荀彧的功效劳绩，足可享有显赫的爵赏，而举国之中尚不明白其中事实，荀彧以前所受封赏，与他的功绩远不相称，臣对此实在惋惜。乞请朝廷重新评议，给予应有的封邑。

注释

1 **“深建”二句：**《魏志·荀彧传》：“太祖保官渡，绍围之。太祖军粮方尽，书与彧，议欲还许以引绍。彧曰：‘今军食虽少，未若楚、汉在荥阳、成皋间也。是时刘、项莫肯先退，先退者势屈也。公以十分居一之众，画地而守之，扼其喉而不得进，已半年矣。情见势竭，必将有变，此用奇之时，不可失也。’太祖乃住。遂以奇兵袭绍别屯，斩其将淳于琼等，绍退走。”宜住，应该驻守不撤兵。恢，发扬。这里是阐述的意思。

2 **徼其军实：**徼，拦截。军实，粮草等军队给养。当时曹操自率轻骑袭乌巢，焚绍粮草，改变了战场形势。

3 **“将舍河北”二句：**破袁绍后，曹操粮少，欲舍弃河北，往荆州击刘表。荀彧劝说道：“今绍败，其余离心，宜乘困，遂定之；而背兖豫，远师江、汉，若绍收其余烬，乘虚以出人后，则公事去矣。”

4 **反旆：**回师。旆，一种旗帜，杂色镶边。

5 **怀利以自百：**心知有利可图必勇气百倍。

6 **江、沔:**江,长江。沔,汉水上游。

7 **要:**求得。

8 **"是故"二句:**先帝,指高祖刘邦。刘邦立国论功,以萧何居首。武臣或不服。刘邦说,打猎时直接追捕猎物的是猎犬,而指示追捕目标与野兽踪迹的是猎人。诸位的功劳有如猎犬,萧何之功有如猎人之指示踪迹。

9 **"古人"二句:**古人,指刘邦。有人认为张良没有战功,刘邦说:"夫运筹帷幄之中,决胜千里之外,吾不如子房。"

10 **侔:**相称。

报荀彧

建安十二年(207)

原文

君之策谋,非但所表二事[1]。前后谦冲[2],欲慕鲁连先生乎[3]?此圣人达节者所不贵也[4]。昔介子推有言曰:"窃人之财犹谓之盗。"[5]况君密谋安众,光显于孤者以百数乎!以二事相还而复辞之,何取谦亮之多邪!

译文

您的出谋建策之功,其实远不止表奏所提到的两件。您对封赏事前后反复谦礼退让,莫非仰慕鲁仲连先生为人吗?这是在节义操守上开豁通达的圣人所不以为然的啊。以前介子推说:"偷窃他人的财物还要被称为盗贼,何况贪天之功以为己有的人!"您的周密策划以使国定民安,并又使得孤成百次获得显耀的荣宠,这不是孤贪占了先生的大功吗?只以表奏的两件事赠还您,而您还是推让不受,为什么这样只爱谦让呢?

注释

1 **所表二事**：指《请增封荀彧表》中所提到的荀彧两次大功。

2 **谦冲**：谦逊退让。

3 **"欲慕"句**：鲁连，即鲁仲连，战国时齐人。秦攻赵，魏王遣使劝赵屈服，尊秦为帝，鲁仲连严加斥责。后秦兵败退，赵王欲封他，他再三推让不肯受。后有功于齐，亦不肯受封赏，逃至海上。

4 **圣人达节**：《左传·成公十五年》："圣达节。"即圣人比较通达，进退上下，皆合于节义。

5 **"介子推"句**：介子推这句话的后一半是："况贪天之功以为己力乎？"这里的引用是歇后的用法。曹操认为如荀彧不受封，则是自己僭占了荀彧的功劳。

请追赠郭嘉封邑令[1]

建安十二年（207）

原文

臣闻褒忠宠贤，未必当身[2]，念功惟绩[3]，恩隆后嗣。是以楚宗孙叔敖[4]，显封厥子，岑彭既没，爵及支庶[5]。诚贤君殷勤于清良，圣祖敦笃于明勋也[6]。故军祭酒洧阳亭侯颍川郭嘉[7]，立

译文

臣听说褒扬忠义尊尚贤德，不一定只及于本人一身，抚念功德，追思业绩，隆厚的恩宠可延于后代。故此楚王尊重孙叔敖，便以显赫的封赏赐给他的儿子；岑彭死后，两个儿子无论嫡庶都得到爵封。贤君总是念念不忘忠良之士，圣主每每笃厚地对待勋臣。前军祭酒洧阳亭侯颍川郭嘉，以德行著称，盛美的声誉称于乡里。与臣共参大事，为国

身著行，称茂乡邦[8]，与臣参事，尽节为国。忠良渊淑[9]，体通性达。每有大议，发言盈庭[10]，执中处理[11]，动无遗策。自在军旅，十有余年，行同骑乘，坐共幄席。东禽吕布[12]，西取眭固，斩袁谭之首，平朔土之众[13]。逾越险塞，荡定乌丸[14]，震威辽东，以枭袁尚[15]。虽假天威，易为指麾[16]，至于临敌，发扬誓命[17]，凶逆克殄[18]，勋实由嘉。臣今日所以免戾[19]，嘉与其志。方将表显[20]，使赏足以报效[21]，薄命夭殒[22]，不终美志。上为陛下悼惜良臣，下自毒恨丧失奇佐。昔霍去病蚤死，孝武为之咨嗟[23]，祭遵不究功业，世祖望柩悲恸[24]。仁恩降下，念发五内[25]。今嘉陨命[26]，诚足怜伤。宜追赠加封，并前千户[27]；褒亡为存，厚往劝来也[28]。（《魏志·郭嘉传》注引《魏书》，《艺文类聚》卷五一）

恪尽职守。忠贞善良，智慧幽深，品性淳美，气质通达。每遇商讨重大事宜，满庭之中众口纷纭，郭嘉都能总其要领，不偏不执，持论允当，从来不会有失策。自从从军以来，共十几年，与臣行则同车马，坐则共帐幕，朝夕相处。东向而生擒吕布，西进而殄灭眭固，北讨而斩袁谭之首，平定河朔地方。跨越塞北，扫荡乌丸。军威震撼于辽东，令袁尚枭首。征伐的烜赫战绩，虽说乃是凭借天子的威灵而能指挥如意，但至于临阵对敌，宣扬天子誓命，得以消灭逆贼凶顽，其勋绩确实应当归于郭嘉。臣今天之所以能幸而取胜，免获罪愆，其中大有郭嘉的功劳。臣正想上表显扬，使得赏赉足以酬答报效之功，不料郭嘉命禄浅薄，中道早逝，不能完成其嘉美之志向。值此不幸，臣对上为陛下悼惜良臣丧亡，在下则深深痛心顿失奇绝的佐助。昔日霍去病早死，孝武皇帝为他悲叹，祭遵功业未竟而亡，世祖望灵柩而痛哭。帝王的弘恩大仁降于臣子，顾念之情发于肺腑。今日郭嘉夭亡，实在令人哀怜感伤。应追加封赏，并前所封满千户之数。褒扬亡者，意在劝勉生人，厚待前人原为激励后之来者。

注释

1 郭嘉,字奉孝,颍川阳翟人,初投袁绍,认为绍不足成事,由荀彧推荐投曹操,任司空祭酒,成为曹操重要谋士之一。他对曹操消灭吕布、袁绍,平定三郡乌桓,都提出过重要的计策,为统一北方作出贡献。建安十二年九月,在平乌桓班师途中病死,年仅三十八岁。郭嘉之死,使曹操极为痛惜。

2 **当身:**即本人。

3 **惟:**思念。

4 **孙叔敖:**春秋时楚国令尹。任中使生产发展,楚国强盛。死后,楚王将寝丘(今河南沈丘县东南)四百户封给其子。

5 **岑彭:**东汉光武帝大将,战功显赫。死后,光武帝先后封他的长子和次子为侯。 **支庶:**嫡子和庶子(妾所生子)。

6 **"诚贤君"二句:**清良,指贤良之臣。敦笃,敦厚,厚待。明勋,有显著功勋的人。

7 **洧(wěi)阳亭侯:**郭嘉生前封爵。洧阳,今河南扶沟县南。

8 **称茂:**声誉美盛。

9 **渊淑:**渊,智慧深厚。淑,品行美好。

10 **"每有"二句:**大议,重大的会议。发言盈庭,满室中议论纷纭。《诗经·小雅》:"发言盈庭,谁敢执其咎?"即谁敢作出决断,承担责任。

11 **执中:**不偏不倚,即恰当正确。

12 **东禽吕布:**建安三年,曹操围吕布于下邳,士卒疲困,将欲撤军。郭嘉力主加紧攻击,终擒吕布。禽,同"擒"。

13 **"斩袁谭"二句:**建安八年,曹操初败袁谭、袁尚后,采用郭嘉意见,缓攻二袁,令自相残杀。朔土,北方名地,指冀州。

14 **荡定乌丸:**乌丸,即乌桓,我国北方游猎民族。分为上谷、辽西、辽东、右北平四部。居住今河北北部及辽宁西部。后辽西、辽东、右北平三部联合,称"三郡乌丸"。建安十年,袁绍子袁尚、袁熙投乌丸。曹操采纳郭嘉建议,以轻兵袭乌丸,得胜。

15 **"震威"二句:**辽东,郡名,属幽州。建安十二年,曹操败乌丸后,袁尚、袁熙出奔辽东。辽东太守公孙康斩二袁,将首级送给曹操。枭,悬首示众。

16 **指麾:**即指挥。麾,古代用来指挥军队的旗帜。

17 **誓命:**战前动员将士的命令。

18 **殄:**消灭。

19 **免戾:**免于犯罪,这是谦词,意思是避免了战败的罪过(即取得胜利)。

20 **表显:**上表张扬。

21 **报效:**酬答功绩。效,效命之劳。

22 **夭殒:**早逝,早死。

23 **"霍去病"二句:**霍去病,西汉武帝时名将,河东平阳(今山西临汾西南)人,与卫青共击匈奴,解除了匈奴对汉王朝威胁,功勋卓著。任骠骑将军,封冠军侯,死时仅二十三岁。孝武,即汉武帝。

24 **"祭遵"二句:**祭遵,东汉光武帝大将,颍川颍阳(今河南许昌西南)人,任征虏将军,西征隗嚣时死于军中。不究功业,功业未竟。世祖,指光武帝刘秀。

25 **五内:**五脏,指内心。

26 **陨:**同"殒",死。

27 **并前千户:**加上以前的封邑共一千户。洧阳亭侯邑二百户,即再追赠八百户。

28 **褒亡为存,厚往劝来:**褒扬亡者是为了生者,厚待前人是勉励后人。

与荀彧书追伤郭嘉[1]

建安十二年(207)

原文

郭奉孝年不满四十,相与周旋十一年,险阻艰难,皆共罹之。又以其通达,见

译文

郭奉孝死时尚不满四十岁,而与我一起相处相交十一年,所有困苦艰险,都是共同经受的。又由于他为人通权达变,

世事无所凝滞，欲以后事属之[2]。何意卒尔失之[3]，悲痛伤心。今表增其子满千户，然何益亡者？追念之感深。且奉孝乃知孤者也，天下人相知者少，又以此痛惜，奈何奈何！（《魏志·郭嘉传》注引《傅子》）

对世事的见解通脱无碍，我原准备把自己身后的事业托付给他的。谁能想到突然失去了他，他竟先我而去。现在我上表将他儿子的爵封增至千户，然而这对死者又有什么意义呢？由此追悼之情更为深痛。而且郭奉孝是深知我的人啊，天下的人中互为知己的何其少有，这又使我深深痛惜。让我如何是好，如何是好！

注释

1 荀彧是郭嘉的推荐人，郭嘉死后，曹操先后写这两封信给荀彧，表达痛惜之情。

2 **后事：**身后之事。

3 **“何意”句：**何意，哪里想到。卒尔，突然。卒，同“猝”。

原文

追惜奉孝，不能去心。其人见时事兵事[1]，过绝于人[2]。又人多畏病，南方有疫，常言："吾往南方，则不生还。"然与共论计，云当先定荆。此为不但见计之忠厚，必欲立功分[3]，弃命定[4]。事人心乃尔，何得使人忘之！（《魏志·郭嘉传》注引《傅子》）

译文

追想痛惜奉孝，令人久萦怀抱。他这人对政事军事的见地，卓绝过人。再有，为人谁不惧怕染病，南方多有疫症，他时常说："倘若我去南方，怕不能活着回来。"但同他共论军国大计时，他却提出应当先定荆州。由此可见他为国划策的忠厚笃诚之心，必定要建功守职，不顾生死。他处事之心如此真诚，令人怎能忘怀！

注释

1 **时事：**当时政治形势。

2 **过绝:**远远超过。

3 **立功分:**建功尽职。分,职守。

4 **弃命定:**不顾生命。

告涿郡太守令[1]

建安十二年(207)

原文

故北中郎将卢植[2],名著海内,学为儒宗[3],士之楷模,乃国之桢干也[4]。昔武王入殷,封商容之闾[5];郑丧子产[6],而仲尼陨涕。孤到此州,嘉其余风。《春秋》之义,贤者之后,有异于人。[7]敬遣丞掾[8],修坟墓,并致薄醊,以彰厥德。(《魏志·卢毓传》注引《续汉书》)

译文

前北中郎将卢植,声名昭著于海内,在学术上为儒学一代宗师,为人上乃是士人的典范,实为国家栋梁之材。往古周武王攻进殷朝都城,下令表彰殷纣王的忠臣商容所居住的里巷;春秋时郑国贤大夫子产丧亡,而鲁国的孔子为之落泪。孤到本州,十分赞赏卢先生留下的美好遗风。按《春秋》所提倡的道义,贤者的后裔,不能像一般人一样看待。敬派遣令丞掾属,修建坟墓,并致以微薄的奠祭,用以表彰卢先生的大德。

注释

1 曹操征乌桓班师,途经涿郡(治所在今河北涿州),派人奠祭卢植之墓,遂撰此令。

2 **卢植:**字子幹,东汉时涿郡人。曾任博士、北中郎将,镇压黄巾起义。又任尚书，因反对董卓议废少帝，逃回家乡。

3 **儒宗：**儒学宗师。

4 **桢干：**古代筑墙，两端所立之木，称“桢”，中间所装夹板，称“干”。引申为骨干或能承担重任的人才。

5 **“昔武王入殷”二句：**公元前十一世纪，周武王姬发攻破殷都朝歌。商容，殷朝大夫，因谏纣王而被贬斥。闾，这里指商容住过的里巷。

6 **子产：**春秋时郑国的贤大夫。

7 **“《春秋》之义”三句：**《春秋·公羊传·昭公二十年》：“君子之善善也长，恶恶也短，恶恶止其身，善善及子孙。”意为君子褒扬善者长久而憎厌恶者短暂，憎厌恶者只限于其本人，而褒扬善者延及后代，故称“贤者之后，有异于人”。

8 **丞：**令丞，三公府的属官。

下田畴令[1]

建安十二年（207）

原文

田子泰非吾所宜吏者。[2]（《魏志·田畴传》）

译文

田子泰其人其德不是仅仅适合做我部下的属吏的。

注释

1 田畴，字子泰，无终（今天津市蓟州区）人。初为幽州牧刘虞从事。刘虞为公孙瓒所杀，他率族人隐居避难，多次拒绝袁绍父子征召。建安十二年曹操征乌桓，请到田畴，十分推重，即发《下田畴令》，任为蓨令。田畴未到任，仍随曹军。当时正值夏雨，沿海道阻。田畴建议出卢龙塞，从山道袭乌桓，并亲做向导。果获奇功。曹操上《表论田畴功》，封为亭侯。田畴认为刘虞已死，自己义不当受职受封，固辞。曹操应允，下《听田畴谢封令》。后曹操认为听田畴谢封仅为成全一人之清高，却有违论功行赏的典则，遂于建安十四年再下《爵封田畴令》。田畴仍坚辞不受，至以死相拒。朝中有人非议，主张对他“免官加刑”，但曹操还是写了《决议田畴让官教》，付司隶校尉决议。结果是从田畴谢封之志，拜为议郎。

2 此是推重之言，意为田畴不是属吏之辈。按：这句是原文中现仅存的一句话。

表论田畴功

建安十二年（207）

原文

文雅优备，忠武又著，和于抚下，慎于事上。量时度理，进退合义。幽州始扰，胡、汉交萃[1]，荡析离居，靡所依怀。畴率宗人避难于无终山。北拒卢龙[2]，南守要害，清静隐约[3]，耕而后食，人民化从[4]，咸共资奉。及袁绍父

译文

田子泰先生既富于文才，又秉于雅德，怀抱忠诚，身兼武勇。安抚部下以和煦，奉事国朝以谨慎。估量时势，测度事理，揣摩进退，合于大义。幽州之地战乱之初，胡人、汉人都遭受困顿，家人离散，无有定居，无所依靠。田畴率领族人避难至无终山，北面凭据卢龙塞之冲要，南面依仗无终山之险隘，心境清静，生活简朴，耕耘田土，自食其力。当地人民经他教化，能知大义，从道德，都乐于供奉资助他。此后袁绍父子的淫威泛滥于北方

子威力加于朔野，远结乌丸，与为首尾[5]，前后召畴，终不陷挠[6]。后臣奉命，军次易县[7]，畴长驱自到，陈讨胡之势，犹广武之建燕策[8]，薛公之度淮南[9]。又使部曲持臣露布[10]，出诱胡众[11]，汉民或因亡来，乌丸闻之震荡。王旅出塞，途由山中九百余里[12]，畴帅兵五百，启导山谷[13]，遂灭乌丸，荡平塞表[14]。畴文武有效[15]，节义可嘉，诚应宠赏，以旌其美[16]。

土地，交结远方乌桓，与之狼狈为奸。前后屡次征召田畴，而田畴始终守志不屈，未致陷于逆贼。后来臣下奉命北征，驻军于易县，田畴自愿远道驱驰而来，陈说征讨胡虏的形势方略，精微审确，真如同广武君上招降燕齐之谋，薛公测度淮南王必然智出下策一样。田畴又命部下带着臣征讨的檄文，向胡人士卒劝诱招降。被胡人掳去的汉民知道消息，便有人乘势逃回，乌桓军听说此讯，则人心震恐。王师由此出塞，经过山中九百里废道，田畴率五百兵士，在高山深谷中艰难开路，为大军向导。因而得以消灭乌桓，荡平塞外。田畴文则献计，武则参战，均有大功，节操忠义都令人嘉许，确实应当接受恩荣，得到封赏，如此才能表彰他的完美德行。

注释

1 **“幽州”二句：**幽州，今北京市、河北北部及辽宁一带。公孙瓒、袁绍先后攻占幽州。胡、汉交萃，“胡”指乌桓、匈奴等少数民族；萃，通“悴”。

2 **北拒卢龙：**拒，控制。卢龙，即卢龙塞，在今河北省迁西北喜峰口附近。

3 **隐约：**穷困，简朴。

4 **人民化从：**人民接受教化而听从。

5 **与为首尾：**勾结而狼狈为奸的意思。

6 **陷挠：**屈从陷入。

7 **军次易县：**次，驻扎。易县，今河北省易县。

8 **广武之建燕策：**西汉初赵国李左车，封广武君。韩信灭赵后打算攻燕、齐，问计于李左车。李建议暂不进兵，采取“先声后实”的战略，先以利害威胁燕国投降。若成，齐国势孤，又以同样方法威胁齐国投降。果然成功。

9 **薛公之度淮南**:西汉初,淮南王英布谋反。刘邦向原楚国令尹薛公问计,薛公断定淮南王目无远见,必夺吴与下蔡之地而退守越及长沙,此实为下策。事果不出所料。

10 **露布**:公开宣示的文书,也用称檄文、捷报等。此指檄文。

11 **诱**:劝导说服。

12 **“途由”句**:据田畴建议,曹军出卢龙塞。经白檀、平岗,东向柳城,共九百余里,路已废弃二百余年,罕有人行。

13 **启导**:启,开路。导,做向导。

14 **塞表**:塞外。

15 **效**:成效,功绩。

16 **旌**:表扬。

听田畴谢封令

建安十三年(208)

原文

昔伯成弃国,夏后不夺[1],将欲使高尚之士,优贤之主,不止于一世也。其听畴所执[2]。(《魏志·田畴传》注引《魏书》)

译文

上古时伯成舍弃封国,夏禹王并不强夺他的志向。今天我希望品行高尚的君子和优礼贤士的君主,不止在一个朝代出现。特令任从田畴坚持他的志向。

注释

1 **“昔伯成”二句**:伯成子高为帝尧时诸侯,尧让位于舜,舜让于禹,禹时,伯成子高辞去爵位而务农。夏后,即禹。不夺,不强迫人改移志向。

2 **听:**听任,听从。 **执:**所坚持的。

授崔琰东曹掾教[1]

建安十三年(208)

原文

君有伯夷之风[2],史鱼之直[3]。贪夫慕名而清,壮士尚称而厉[4],斯可以率时者已[5]。故授东曹,往践厥职。

译文

您有伯夷的风操,史鱼的耿直。贪吝的鄙夫因仰慕您的美名而变得清廉,壮烈之士由盛称你的为人而奋强自励。您可以以此作为时人之表率了。故此,授予您东曹之任,您可即去履行职务。

注释

1 **崔琰:**字季珪,清河东武城(今河北故城西南)人,当时名士,初受袁绍征召,后随曹操。先后任曹丕傅、东曹掾、中尉等职,后被曹操赐死。

2 **伯夷:**《孟子·万章下》:"伯夷,圣之清者也。"此处用来赞美崔琰清廉之风。

3 **史鱼:**字子鱼,春秋时卫国大夫,为人忠直。他反对卫灵公用人不当,遗命自己死后不要按礼在正室治丧,以表遗恨,当时称为"尸谏"。

4 **"贪夫"二句:**《孟子·万章下》:"故闻伯夷之风者,顽夫廉,懦夫有立志。"这两句用其意。

5 **率时:**作为当时人的表率。

宣示孔融罪状令[1]

建安十三年（208）

原文

太中大夫孔融既伏其罪矣[2]，然世人多采其虚名，少于核实，见融浮艳[3]，好作变异，眩其诳诈[4]，不复察其乱俗也。此州人说平原祢衡受传融论[5]，以为父母与人无亲，譬若缻器[6]，寄盛其中，又言若遭饥馑，而父不肖[7]，宁赡活余人。融违天反道，败伦乱理，虽肆市朝[8]，犹恨其晚。更以此事列上，宣示诸军将校掾属，皆使闻见。（《魏志·崔琰传》注引《魏氏春秋》）

译文

太中大夫孔融已经典刑正法了，但当世之人大都只知称赏他的虚名，很少考察他的为人之实。只见到华章丽藻，奇辞异说，便迷惑于他的虚矫欺诳，而不再深究他败坏风俗的实质。本州人说，平原人祢衡接受并传扬孔融的谬论，认为父母对于子女没有亲密的关系，婴儿在母腹中不过缸中储物一样，只是寄存于其中。又说倘使遇上灾荒饥馑，假如父亲不像样，就不必赡养，宁可拿粮食去救活他人。孔融悖逆灭道，败坏伦常，虽然暴尸于市集，还令人遗恨为时太晚。现再将他的此项罪愆列举出来，公布于诸军将校和府中掾属，使大家都能知闻。

注释

1 孔融，字文举，孔子第二十世孙，献帝时任北海相。后入朝，任少府。孔融拥护东汉政权，反对曹操专权，议复“王畿之制”，欲以此限制曹操势力。孔融在当时颇有文名，又为名门望族，对曹操多有讥刺。建安十年被免官，十三年，曹操捏造谋叛及大逆不道罪将孔融处斩刑。融死而舆论纷然，为缓和舆论，曹操又下此令宣示孔融罪状。

2 **太中大夫**：皇帝顾问官。

3 **浮艳**：浮华的言辞。

4 **眩**：被迷惑。

5 **"此州"句**：此州，指豫州。平原，青州郡名。祢衡，字正平。为当时名士，与孔融交好。他曾当面辱骂曹操，曹操不愿当擅杀名士之名，送他至刘表处，刘表又送至黄祖处，为黄祖所杀。

6 **瓶器**：一种大腹小口的陶器。

7 **不肖**：没出息，不正派。

8 **肆市朝**：处死人犯后暴尸于市集以示众。肆，陈列。市朝，市集。因市集之行列像朝廷百官的行列，故名。

表刘琮令[1]

建安十三年（208）

原文

楚有江、汉山川之险，后服先强[2]，与秦争衡。荆州则其故地[3]。刘镇南久用其民矣[4]。身没之后，诸子鼎峙[5]，虽终难全，犹可引日[6]。青州刺史琮，心高志洁，智深虑广，轻荣重义，薄利厚德，蔑万里之

译文

楚国有长江、汉水的山河之险要，王者出，天下将定，则楚人将最后归服；当天下动荡，则楚人必率先作乱。他们还曾与秦人争霸天下。荆州，即楚国旧地。镇南将军刘表辖治本州百姓为时已久。身故之后，各个儿子相互纷争为敌。虽然最终难以个个保全，但目前尚可维持一些时日。青州刺史刘琮，志意清高，本心纯

业，忽三军之众，笃中正之体，敦令名之誉，上耀先君之遗尘[7]，下图不朽之余祚，鲍永之弃并州[8]，窦融之离五郡[9]，未足以喻也。虽封列侯一州之位，犹恨此宠未副其人；而比有笺求还州[10]。监史虽尊[11]，秩禄未优。今听所执，表琮为谏议大夫[12]，参同军事。（《魏志·刘表传》注引《魏武故事》）

洁，智慧深厚，思虑周全，漠视虚荣，珍重大义，菲薄利禄，崇尚品德，轻视于万里基业，不屑于三军之众。磨砺中正无邪之操行，修尚美善笃好之名誉，上以增辉先父之遗业，下以谋求后嗣之福荫。以往鲍永舍弃并州，窦融退离五郡，其清高明智，都难以与此作比。刘琮虽获封侯，位列一州，仍让人遗憾这一恩荣与他本人德业殊不相称。近时刘琮寄书要求归回荆州。然而，一州刺史地位虽然尊贵，但俸禄与官阶还不够优厚。现在依刘琮所请免去青州之职，请封琮为谏议大夫，参同军事。

注释

1 建安十三年九月，曹操南下以图荆州。这时，荆州牧刘表病死，刘表幼子刘琮献地投降。曹操遂据荆州，调刘琮为青州刺史。后刘琮请求辞去青州刺史职仍回荆州，曹操因利乘便，用明升暗贬的手段，借口一州之位过低，免去刘琮青州刺史而改封有名无实的谏议大夫参同军事。

2 **后服先强：**《公羊传·僖公四年》："楚有王者则后服，无王者则先叛。"意为社会趋于统一时，楚人最后归服；社会动荡时，楚人先叛乱。

3 **荆州：**相当于今湖南、湖北两省及河南、贵州、广东、广西四省（区）部分地区，为原楚国故地。汉代治所在汉寿县。

4 **刘镇南：**刘表。封镇南将军。

5 **诸子鼎峙：**刘表宠爱幼子刘琮，立为后嗣，而令长子刘琦任江夏太守。刘表死后，琦、琮对立。鼎峙，对立，对抗。

6 **引日：**延续时日。

7 **遗尘：**遗业，指功业。

8 **“鲍永”句:**鲍永字君长,上党屯留(今山西省长治市屯留区南)人。东汉初割据并州,光武帝即位,鲍遣散士卒,归顺光武。

9 **“窦融”句:**窦融字周公,扶风平陵人。东汉割据五郡,后弃郡而投光武。

10 **比:**近日。

11 **监史:**即刺史。刺史原为汉武帝时监察地方的官员,故称“监史”,后改为地方长官。

12 **谏议大夫:**谏官,秩高而无权。

下荆州书[1]

建安十三年(208)

原文

不喜得荆州,喜得蒯异度耳。(《魏志·刘表传》注引《傅子》)

译文

得荆州不足以喜,令人高兴的乃是得到蒯异度这样的高贤啊!

注释

1 曹操兵临荆州,刘表病死,刘琮是在刘表谋士蒯越的劝说下归降曹操的。蒯越本人也便归附。这是曹操取得荆州后给荀彧信中的话,显示其求贤心切,重人才而轻利益的心胸。蒯越字异度,原为何进东曹掾,向何进进言,正确地劝其果断诛戮宦官。何进犹豫,蒯越料其必败,遂投荆州,成为刘表重要谋士。

为张范下令[1]

建安十三年（208）

原文

邴原名高德大[2]，清规邈世[3]，魁然而峙，不为孤用。闻张子颇欲学之，吾恐造之者富，随之者贫也[4]。（《魏志·邴原传》注引《原别传》）

译文

邴原声名显著，德望隆重，清高的操行超绝尘俗，巍然耸立于当世，因而不愿为孤所任用。听说张先生很想效慕他，但我只担心首开先例的人大得名望，而效法学步的人却将一无所有啊。

注释

1 东汉末年社会动荡黑暗，士人中一些名士清高自爱，不入世俗，以全身免祸。曹操希图争取他们为己所用。当时北方大名士邴原，曹操召聘他，他称病不往。张范，字公仪，河内修武人，也是当时名士，效法邴原清高不仕。曹操下此令对张范、邴原作委婉的讽劝。

2 **邴原**：字根矩，北海朱虚人。经曹操屡劝，到职任东阁祭酒，曹丕长史，令丕以师礼待他。建安十九年随军南征，病死途中。

3 **清规**：清高的操行。 **邈世**：超绝世俗。

4 **"吾恐"二句**：造之者，指首创者。贫，引申为空虚无所获。

与孙权书[1]

建安十三年（208）

一

原文

近者奉辞伐罪[2]，旌麾南指[3]，刘琮束手。今治水军八十万众，方与将军会猎于吴[4]。（《吴志·孙权传》注引《江表传》）。

译文

近来，曹操奉天子之命讨伐有罪之臣，大军南下，刘琮束手归降。如今督帅水军八十万之众，正要与将军逐鹿于东吴。

注释

1 这是曹操在赤壁之战前后致孙权的两封信。本年七月，刘琮投降，曹操不战而得荆州。又欲以武力威胁孙权，写了第一封信。孙权联合刘备拒曹，曹军不习水战，所收荆州水军又人心不定，周瑜使用火攻，大败曹军于赤壁。战败后曹操再致书孙权，掩饰败军之耻。孙权，字仲谋，吴郡富春（今浙江富阳）人，继承父孙坚、兄孙策所创基业，据江东六郡。黄龙元年(229)称帝，国号吴。

2 **奉辞**：遵奉天子旨意。

3 **旌麾**：军旗，代指军队。

4 **会猎**：是一种委婉修辞，即会战，交锋。

二

原文

赤壁之役，值有疾病，孤烧船自退，横使周瑜虚获此名[1]。（《吴志·周瑜传》注引《江表传》）

译文

赤壁之战，恰遇疾病流行，孤烧毁船只，撤军以保全兵力，凭空使周瑜获得战胜的虚名。

注释

1 **横：**突然，意外。 **周瑜：**字公瑾，庐江郡舒县（今安徽庐江西南）人。孙权水军都督，指挥赤壁之战的统帅。

爵封田畴令

建安十四年（209）

原文

蓨令田畴[1]，至节高尚，遭值州里戎夏交乱[2]，引身深山，研精味道[3]，百姓从之，以成都邑。袁贼之盛，命召不屈[4]。慷慨守志，以徼真主[5]。及孤奉诏征定河北，遂服幽都[6]，将定胡寇，时加礼命。畴即受署[7]，陈

译文

蓨县令田畴，志趣高尚，节操卓异，在本州遭遇北戎与汉兵交杂作乱之时，便身入深山，研磨精义，体味至道。多有百姓跟从他避居该地，以至山林俨然成为都市。袁绍逆贼猖獗横行，屡次下令征召，田畴始终不曾屈从。气节慷慨，笃守忠志，以等待效命真主。孤奉天子诏命，平定河北，征服幽州，将要进兵征剿胡寇乌桓时，特以优礼召聘田畴。畴即接受任命，献策出奇兵攻

建攻胡蹊路所由，率齐山民，一时向化[8]。开塞导送，供承使役，路近而便，令虏不意。斩蹋顿于白狼[9]，遂长驱于柳城[10]，畴有力焉。及军入塞，将图其功，表封亭侯，食邑五百，而畴悬恻，前后辞赏。出入三载，历年未赐。此为成一人之高，甚违王典，失之多矣。宜从表封，无久留吾过[11]。（《魏志·田畴传》注引《先贤行状》）

胡寇并指示进军小路。又率领全体山中居民，同时归顺王化。出塞开路，导送大军，并担负劳役驱使。田畴所献道路既近且便，我军奔袭大出胡虏意料，因此得以斩贼首领蹋顿于白狼山，长驱无阻，直下柳城。此次取胜，其中实有田畴的大功。到大军凯旋入塞，论其功绩，上表封田畴为亭侯，食邑五百户。田畴一再辞让，诚恳悲切。如此延宕三年，始终未能行赏。如此处事，乃是为成全一人的清高节操而背弃了国家典则，所得甚少而所失甚多。应当依照前议据表封赏，不要使我的过失再长久继续了。

注释

1 **蓨(tiáo):**县名，在今河北景县南。田畴任为蓨令，实际上随军，并未到任。

2 **戎夏交乱:**"戎" 指乌丸，"夏" 指公孙瓒等。

3 **研精味道:**研讨和体味精微的道理。味，动词。

4 **命召不屈:**据《三国志·田畴传》，袁绍父子曾五次征召田畴，授大将军印，畴始终未受。

5 **徼:**寻求。

6 **幽都:**幽州，治所在蓟。

7 **受署:**接受任命。

8 **向化:**归顺。

9 **"斩蹋顿" 句:**蹋顿，乌桓首领。白狼，山名，在今辽宁省凌源市。

10 **柳城:**乌桓的中心城市，在今辽宁朝阳南。

11 **无久留吾过:**不要使我的过错（指听田畴谢封）长久继续下去。

决议田畴让官教[1]

建安十四年（209）

原文

昔夷、齐弃爵而讥武王[2]，可谓愚暗，孔子犹以为“求仁得仁”[3]。畴之所守，虽不合道，但欲清高耳。使天下悉如畴志，即墨翟兼爱尚同之事，而老聃使民结绳之道也[4]。外议虽善[5]，为复使令司隶以决之[6]。（《魏志·田畴传》注引《魏略》）

译文

古时伯夷、叔齐舍弃王位而讽刺武王伐纣之举，可说是愚顽暗昧了，而孔子还认为他们是“求仁得仁”。田畴事与此相类。田畴固守其志，虽然不合大道之义，却也不过想要清高自持罢了。但假使天下人的志向都如田畴，那也就成了墨翟所幻想的人无等差、兼爱尚同的世道，以至于成了老聃所期望的返朴入浑、令人民结绳记事的时代了。外面众议虽妥，再下令使司马校尉决断此事。

注释

1 **教：**文体概念，上对下的训示。

2 **夷、齐：**即伯夷、叔齐。曹操认为这两位古人称道的大贤的行为是愚昧不明智的。

3 **求仁得仁：**《论语·述而》记子贡问孔子事：“曰：伯夷、叔齐，何人也？曰：古之贤人也。曰：怨乎？曰：求仁得仁，又何怨？”孔子以为夷、齐的行为是追求“仁”，而最终又成全了自己“仁”的人格，因此是无怨的。

4 **“而老聃”句：**老聃，即老子。他主张复古，《老子》第十八章“使民复结绳而用之”，即重回原始生活状态。

5 **外议虽善**：当时一种意见认为应对田畴免官加刑，曹丕等则认为田畴辞封与前代楚国子文辞禄、申胥逃赏一样，有其道德准则，不应强夺其志。“外议”即指这些意见。

6 **司隶**：即司隶校尉，京都地区地方官，相当于州刺史，有权监察京中官吏。

存恤吏士家室令[1]

建安十四年（209）

原文

自顷以来[2]，军数征行，或遇疫气，吏士死亡不归，家室怨旷[3]，百姓流离，而仁者岂乐之哉？不得已也。其令死者家无基业不能自存者，县官勿绝廪[4]，长吏存恤抚循，以称吾意。（《魏志·武帝纪》）

译文

近年来，军队频频行兵出征，有时或者遇到疫病，士卒将吏多有死亡，或连年不归。夫妻离散，百姓流亡，难道仁者愿意见到这种凄惨景象吗？乃是出于不得已啊！特令：凡死者无家产、家人无法存活的，县官不可停止供给廪食，各长官须对他们抚恤慰问，以完我的心愿。

注释

1 赤壁之败，使曹军遭受重创，加之发生疫病，将士死亡较多。建安十四年七月，为安定军心鼓舞士气，曹操下令抚恤亡者家属。存恤，抚恤。

2 **顷**：不久。

3 **怨旷:**男女成年而不能婚配的称为“旷男怨女”。此指夫妻不能团聚。

4 **廪:**由政府供给的口粮。

表论张辽功[1]

建安十四年（209）

原文

登天山[2],履峻险,以取兰、成,荡寇功也。(《魏志·张辽传》)

译文

翻越险峰峻岭,登上天柱山,剿灭陈兰、梅成,乃是荡寇将军的大功。

注释

1 袁术部将陈兰勾结梅成在灊、六(今安徽霍山县东北、六安市东北)地方叛乱,曹操派张辽、于禁等征讨。叛将拒守天柱山,山高路险。诸将认为难攻。张辽说:“此所谓一与一,勇者得前耳。”率众奋勇攻上,斩兰、成。曹操论功,以张辽为首。张辽,字文远,原吕布部将,降曹操后,屡建战功,封荡寇将军。

2 **天山:**即天柱山,在今安徽霍山县境内。

与韩遂教[1]

建安十四年（209）

原文

谢文约[2]：卿始起兵时，自有所逼，我所具明也[3]。当早来，共匡辅国朝。（《魏志·张既传》注引《魏略》）

译文

告文约：您最初起兵拒我，本自受人逼迫，此中情节我完全了解。愿您早来共事，匡辅朝廷。

注释

1 韩遂与马超是凉州一带的割据势力，后结盟以抗曹操。曹操采用争取韩遂归附而孤立马超的方略。建安十四年，韩遂遣部将阎行往见曹操，曹操表阎行为犍为郡太守，让他带回这篇《与韩遂教》给韩遂。阎行将自己父母送到曹操军中表归附，并劝韩遂送一子至曹军，韩遂依从。但建安十六年，马超、韩遂等十部联合反曹，推韩遂为首。曹操杀韩遂之子，并将阎行父囚禁，写《手书与阎行》，劝阎行脱离韩遂。阎行于是背韩降曹，封列侯。

2 **谢**：告。 **文约**：韩遂字。

3 **具**：通"俱"。

以蒋济为扬州别驾令[1]

建安十四年（209）

原文

季子为臣，吴宜有君。[2]今君还州[3]，吾无忧矣。（《魏志·蒋济传》）

译文

有季札这样的大贤为臣，想必吴国应当有君。现今您又回扬州为臣，我就不必为扬州担心了。

注释

1 赤壁之战后，曹操专力经营东南地区。建安十四年七月，迁扬州治所至合肥，任用扬州地方官，以蒋济为别驾（刺史助理）。蒋济，字子通，平阿（今安徽怀远县西南）人。曾任扬州治中，守扬州有功，得到曹操信任。

2 **季子为臣，吴宜有君**：季子，指季札，春秋时吴王寿梦之子，有贤名。《春秋公羊传·襄公二十九年》："吴无君，无大夫，此何以有君有大夫？贤季子也。……以季子为臣，则吴宜有君者也。"因当时以吴为蛮夷，不承认其"有君有大夫"，《春秋》的记载却承认吴国有君，这样记载实际上是赞美季札，意思是既然有季子这样的贤人为臣，吴国也就应该有值得承认的君了。引文中"贤"为动词，赞美其贤之意。曹操引此赞美蒋济。

3 **还州**：蒋济先任扬州治中，现在又到扬州任职，因称"还州"。

辟蒋济为丞相主簿西曹属令[1]

建安十四年（209）

原文

舜举皋陶，不仁者远。[2] 臧否得中[3]，望于贤属矣[4]。（《魏志·蒋济传》）

译文

舜选举皋陶执掌刑法，不仁者自然会遭到排斥疏远。要使褒善罚恶得以公平中正，希望就负托在您这位贤明属官之一身了。

注释

1 蒋济任扬州别驾后，有人诬他谋叛，曹操不信流言，反加升迁。辟，征召。丞相主簿，丞相府管理文书及各曹事务的官员。西曹属，西曹之属官。西曹为人事机构。

2 **"舜举"二句**：《论语·颜渊》："舜有天下，选于众，举皋陶，不仁者远矣。"由于皋陶的公正无私，不仁者便被疏远。

3 **臧否**：好的与坏的，引申为褒贬、评价。

4 **贤属**：贤明的属官。

求贤令[1]

建安十五年（210）

原文

自古受命及中兴之君[2]，曷尝不得贤人君子与之共治天下者乎[3]！及其得贤也，曾不出闾巷[4]，岂幸相遇哉？上之人不求之耳。今天下尚未定，此特求贤之急时也。孟公绰为赵、魏老则优，不可以为滕、薛大夫。[5]若必廉士而后可用，则齐桓其何以霸世[6]！今天下得无有被褐怀玉而钓于渭滨者乎[7]？又得无有盗嫂受金而未遇无知者乎[8]？二三子其佐我明扬仄陋[9]，唯才是举[10]，吾得而用之。（《魏志·武帝纪》）

译文

自古以来无论开国或中兴的君主，哪一个不是得到贤人君子与他们一同治理天下的呢？而当他们访得人才时，又往往只在寻常里巷百姓之中，这难道是侥幸遇到的吗？只不过是此前居上位的人没去访求过罢了！方今天下还没有大定，这正是访才求贤最为急迫的时期。孟公绰做赵氏魏氏家臣则有余，但如果要做大夫，即使像滕、薛那样的小国的大夫也很难胜任。假如必定要是廉士才能任用，那么齐桓公怎么能去称霸天下！当今天下是否有像姜尚那样披褐怀玉垂钓于渭水之滨的人呢？又有没有像陈平似的盗嫂受金而还未遇上魏无知那样的推荐者的人呢？各位要帮助我，去发掘推举被埋没的卑微而有才的人，只须有才能即行举荐，不论其他。使我得以任用他们。

注释

1 建安十五年春，曹操下《求贤令》，鲜明地宣示“唯才是举”的原则。

2 **受命**：古帝王自认受命于天，一般称开国即位为受天命，此即指开国。**中兴**：于衰微之势中重新振兴。

3 **曷**：何。

4 **曾**：往往。 **闾巷**：古代二十五家为一“里”，里门称为“闾”。

5 **“孟公绰”二句**：出于《论语·宪问》。孟公绰是鲁国大夫。赵、魏，晋国贵族赵氏魏氏两家。老，即“家老”。古代大夫的家臣称“家老”或“室老”。滕、薛都是当时小国。这两句意为：孟公绰这种人，让他做赵氏、魏氏的家臣则力尚有余，但要做大夫的话，连滕、薛那种小国的大夫他都不适宜。这里借喻清廉之士不一定便有才能。

6 **“则齐桓”句**：齐桓公得以称霸得力于管仲。管仲有治国才能，但并不是廉士。

7 **被褐怀玉**：身披粗布而怀揣宝玉，比喻怀才未遇。褐，粗布短衣。 **钓于渭滨**：相传姜尚（子牙）出身贫寒，常在渭水边钓鱼，周文王访求到他，任为军师，周朝由此兴盛。

8 **“又得无有”句**：《史记·陈丞相世家》：魏无知荐陈平于刘邦。刘邦说：有人说陈平与嫂私通，又曾受贿。魏无知回答：你所问者是“行”，我所荐者是“才”。当今最需要的是人才，盗嫂受金又有什么关系呢？后陈平成为刘邦重臣。

9 **二三子**：犹言“你们”，这里指左右僚属。 **明扬仄陋**：发现推荐出地位卑下被埋没的人。

10 **唯才是举**：只要有才能即行举荐，不问其他。

让县自明本志令[1]

建安十五年（210）

原文

孤始举孝廉[2]，年少，自以本非岩穴知名之士[3]，恐为海内人之所见凡愚[4]，欲为一郡守，好作政教以建立名誉，使世士明知之。故在济南[5]，始除残去秽[6]，平心选举，违迕诸常侍[7]，以为豪强所忿。恐致家祸，故以病还[8]。

译文

孤刚刚举孝廉时，年轻，认为自己本不是隐居岩穴的知名人物，因此恐怕被世人视为凡庸愚鲁之辈，希望做一名郡太守，把地方的政事教化搞好，来建立自己的名望声誉，使自己显著地为世人所知。因此在济南，就着手铲除残暴、洗涤污秽，公正地选举人才，却因而触犯违逆了各当政的宦官。由于遭到豪强们的忌恨，怕为家族招致祸患，所以托以疾病，毅然还乡。

注释

1 本文又题作《自明本志令》或《述志令》，作于建安十五年十二月。当时曹操的北方政权已逐渐稳固。"挟天子以令诸侯"的方略，是使曹操在政治上处于有利地位的基础。但随着曹操权势日益膨大，与朝中拥汉派的矛盾对立也逐渐加深。此时，对外则有东南孙权、西南刘备与西北马超联合抗曹。内外对立势力在政治上对曹操的一致谴责，即是认为他扩张权势带有"不逊之志"，图谋废汉自立。针对这一指责，曹操公开发布此令，用以自明，否定自己有谋夺汉室天下的意图。从曹操的政治实践与人格结构上看，本文无疑是一种政治辞令，当然带有虚矫成分。但它在对于曹操思想的研究上具有重要的史料价值。

2 **举孝廉:**汉灵帝熹平三年(174)曹操举孝廉。

3 **岩穴知名之士:**指隐居的名士。岩穴,山岩中洞穴,指隐居之所。汉末,隐居之风盛,有些人故意借隐居自高身价,以待征召。

4 **所见凡愚:**被视为平庸之辈。

5 **济南:**济南国,属青州。中平元年(184),曹操任济南国相,地位与郡太守相等。

6 **除残去秽:**曹操任济南相时,曾奏免八名依附豪强的不法官吏,并毁祠庙,禁淫祀。

7 **常侍:**即中常侍,皇帝亲信侍从,东汉以宦官担任,当时有所谓"十常侍",权倾一朝。

8 **以病还:**中平四年(187)曹操被任为东郡太守,不受,托病还乡。

原文

去官之后,年纪尚少,顾视同岁中[1],年有五十,未名为老,内自图之,从此却去二十年[2],待天下清,乃与同岁中始举者等耳[3]。故以四时归乡里,于谯东五十里筑精舍[4],欲秋夏读书,冬春射猎,求底下之地,欲以泥水自蔽[5],绝宾客往来之望,然不能得如意。后征为都尉[6],迁典军校尉[7],意遂更。欲为国家讨贼立功,欲望封侯,作征西将军,然后题墓

译文

辞去官职后,仍旧很年轻,数数与我同年举孝廉的,有人年已五十,并不称老。心中暗自思量,从此退居山林二十年,等到天下世道清泰平安,也不过与同年中五十岁中举的人年岁相当。因此常回故乡,在谯城五十里处建造书舍,准备秋夏读书、冬春射猎。想找一片低洼之地造房,希图借泥水的屏障隐蔽自己,谢绝宾客往来。然而并没有如愿以偿。后来,应征召做都尉,又升典军校尉。这时,便改变意愿,立志为国家讨贼立功,希望日后能封侯,做征西将军,死后,自己的墓道上将刻上"汉

道言“汉故征西将军曹侯之墓”，此其志也。

故征西将军曹侯之墓”，这就是孤当时的志向。

注释

1 **同岁：**在同一年举孝廉的人称为“同岁”或“同年”。

2 **却去：**却，退，指隐居。

3 **同岁中始举者：**“同岁”当中那些五十岁才举孝廉的人。

4 **精舍：**书舍。

5 **以泥水自蔽：**《太平寰宇记·鄼县》引《魏略》：“太祖（曹操）于谯东五十里泽中筑精舍，读书射猎，闭绝宾客。”在泽中筑室，希图由于泥水阻隔而谢绝宾客，以自隐蔽。

6 **都尉：**一郡中的最高武职。

7 **典军校尉：**掌管近卫军的武官。

原文

而遭值董卓之难，兴举义兵，是时合兵能多得耳[1]。然常自损，不欲多之。所以然者，多兵意盛[2]，与强敌争，倘更为祸始[3]。故汴水之战数千[4]，后还到扬州更募，亦复不过三千人，此其本志有限也。

译文

而后国家遭受董卓之难，我便着手发动，兴举义兵。当时如果大举召募能得到很多兵马，但常常自己削减，不想多收人马。之所以这样，是因为兵一多，意愿就大，难免与强敌争胜，恐怕成为新的祸根。汴水之战，孤所部兵马不过数千，后回扬州再行召募，也不过三千余人。这是由于孤的意愿原本就有限。

注释

1 **合兵：**纠合兵士，募兵。

2 **多兵意盛：**兵一多，意欲就强了。

3 **倘：**或许。

4 **汴水之战：**初平元年（190），讨董各军惧却不前，曹操独率五千人与卓将徐荣激战于汴水，曹操败，伤亡惨重。

原文

后领兖州，破降黄巾三十万众[1]。又袁术僭号于九江，下皆称臣，名门曰“建号门”，衣被皆为天子之制，两妇预争为皇后。志计已定，有人劝术使遂即帝位，露布天下，答言：“曹公尚在，未可也。”后孤讨禽其四将[2]，获其人众，遂使术穷亡解沮[3]，发病而死。及至袁绍据河北，兵势强盛。孤自度势，实不敌之。但计投死为国，以义灭身，足垂于后。幸而破绍，枭其二子。又刘表自以为宗室，包藏奸心，乍前乍却[4]，以观世事，据有当州[5]，孤复定之，遂平天下。身为宰相[6]，人臣之贵已极，意望已过矣。今孤言此，若为自大，欲人言尽[7]，故无讳耳。设使国家无有孤，不知当几人称帝，几人称王。

译文

后来受领兖州，击破受降黄巾军三十万之众。不久袁术于九江僭用天子名号，部下尽都称臣，把城门题名为“建号门”，穿戴都按天子的制式制作，两个妻子预先争着要当皇后。这时袁术称帝的心意已决，大计已定，有人劝说他立刻即皇帝之位，布告天下。术回答说：“曹公还在，还不可以。”后来孤讨袁术，擒斩四员大将，俘获其大部军马，以使得袁术势穷而逃，崩溃瓦解，发病而死。及至袁绍窃据河北，兵强势大。孤自度量双方情势，实在不可与之匹敌。但又想到捐躯报国，为大义而舍生死，足以垂令名于后世。由天助之幸，孤得以击败袁绍，将他的两个儿子枭首示众。再有，刘表自认为是汉家宗室，包藏奸恶的用心，时进时退，以窥测形势，占据荆州。孤进而又平定荆州。这样，天下便已大定。孤又身为宰相，已达到作为臣子的身份地位之尊宠所能达到的极限，早已远远超过我自己的愿望了。今天孤说这些话，仿佛自我张扬，然而为使天下人词穷言尽，非议自止，故而无所隐讳，尽情吐露。假设没有孤立于朝廷之上，天下不知将有多少人称帝、多少人称王啊！

注释

1 **“破降”句：**曹操为兖州东郡太守时，黄巾军攻入兖州。曹操发兵击败黄巾军，收编降兵三十万，选精锐组成“青州兵”。

2 **讨禽其四将：**建安二年(197)，曹操讨袁术，擒斩术大将桥蕤、李丰、梁纲、乐就等，术军从此不振。

3 **穷亡解沮：**穷亡，势穷逃亡。解沮，瓦解颓坏。

4 **乍前乍却：**曹、袁官渡之战时，刘表暗结袁绍，却按兵不动，坐观成败，以图渔人之利。

5 **当州：**本州，此指荆州。

6 **宰相：**又称“丞相”。东汉本不设丞相，而改行三公制。建安十三年(208)恢复西汉丞相制，并以曹操为丞相，权力更集中。

7 **欲人言尽：**要让别人词穷言尽，无话可说(指对自己的非议)。

原文

或者，人见孤强盛，又性不信天命之事[1]，恐私心相评，言有不逊之志[2]，妄相忖度，每用耿耿。齐桓、晋文所以垂称至今日者[3]，以其兵势广大犹能奉事周室也。《论语》云：“三分天下有其二，以服事殷，周之德可谓至德矣！”夫能以大事小也。昔乐毅走赵[4]，赵王欲与之图燕，乐毅伏而垂泣，对曰：“臣事昭王，犹事大王；臣若获戾[5]，放在他国[6]，没世然后已[7]，

译文

或许，人们见到孤势强权盛，又生性不相信天命的说法，恐怕会私自揣度议论，说孤有僭越篡逆之意，妄乱猜度，孤常为此耿耿不安。齐桓公、晋文公之所以至今还为人称道，是由于他们尽管拥有强大的军力，仍能尊奉周朝王室。《论语》说：“三分天下，文王已经占有两分，还能以臣礼服事殷朝，周文王的仁德可说是至高的道德了。”就是说能够以强大之国事奉弱小之主啊。古时燕臣乐毅被迫出奔赵国，赵王想和他计议谋取燕国。乐毅伏地下泪，回答说：“臣事奉燕昭王，也就同事奉大王一样；假如臣获罪于大王，流放到其他国家，那么直到我死去为止，连赵国的

不忍谋赵之徒隶[8]，况燕后嗣乎？”胡亥之杀蒙恬也[9]，恬曰：“自吾先人及至子孙，积信于秦三世矣[10]。今臣将兵三十余万，其势足以背叛，然自知必死而守义者，不敢辱先人之教而忘先王也。”孤每读此二人书，未尝不怆然流涕也。

囚徒我也不忍伤害，何况是对于燕王的后裔呢？”胡亥杀害蒙恬时，蒙恬说：“自我的先辈到子孙，受秦王信任委用已有三代。目前我统率军队三十余万，论情势完全足以背叛，然而自己明知不叛则必死却绝不肯背叛，固守君臣大义，就是因为我不敢不遵从先辈的教诲而忘记先王的恩遇。”孤每读到这两个人的事迹，没有一次不深深感动、怆然下泪的。

注释

1 **不信天命：**古代认为帝王即位是受命于天，不可变更。曹操素不信天命，因而人怀疑他会谋夺帝位。

2 **不逊之志：**不恭顺的意向，指篡逆。

3 **齐桓、晋文：**齐桓公、晋文公。春秋时五霸中的两位霸主。当时都提出“尊王”的口号。晋文公，姓姬，名重耳。

4 **乐毅：**战国时燕昭王大将，率五国军队攻占齐国七十余城。后因齐国行反间计受燕惠王猜忌，出奔赵国。

5 **获戾：**获罪。

6 **放：**流放。

7 **没世然后已：**死而后已。

8 **徒隶：**服劳役的囚犯。

9 **“胡亥”句：**胡亥，秦始皇的小儿子，即秦二世。蒙恬，秦始皇大将，领军拒匈奴，并修筑长城。始皇死，赵高篡权，与胡亥逼蒙恬自尽。

10 **三世：**蒙恬祖父蒙骜、父蒙武及恬，三代为秦大将。

原文

孤祖父以至孤身，皆当亲重之任，可谓见信者矣。以及子桓兄弟[1]，过于三世矣。孤非徒对诸君说此也，常以语妻妾，皆令深知此意。孤谓之言："顾我万年之后[2]，汝曹皆当出嫁，欲令传道我心，使他人皆知之。"孤此言皆肝鬲之要也[3]。所以勤勤恳恳叙心腹者，见周公有金縢之书以自明[4]，恐人不信之故。

译文

从孤的祖父到孤自身，都身负朝廷重大的职事，可以算是被信任委用的了。这种信用现在延续到子桓兄弟，已经超过三代了。孤不仅仅只对诸位这样说，而对妻妾也常这样说，让她们深深领会孤的心意。孤对她们说道："待我万年之后，你们都应当出嫁，这是想要你们传达我的苦心，让别人都能知晓。"孤的这些话都是出自肺腑的重要之言啊。孤之所以这样殷勤恳切地一再述说内心由衷之语，是因为见到历史上周公留下"金縢之书"来自明心迹的故事而深有感触，恐怕在没有见证的情况下，世人不会相信孤的一片衷肠。

注释

1 **子桓：**曹操子曹丕的字。

2 **万年之后：**死后。

3 **肝鬲之要：**肝鬲，犹言"肺腑"，"鬲"通"膈"。要，紧要、重要之言。

4 **"见周公"句：**周武王病重时，其弟周公姬旦作文祷告祖先，愿代武王之死。这篇祷文收藏在金縢（用金属封固的箱子）中，即所谓"金縢之书"。武王死，成王姬诵年幼，周公摄政。周公弟管叔、蔡叔诬周公欲夺王位，周公避嫌出居东都（洛阳）。后成王启金縢发现祷词，亲迎周公执政。此处曹操以周公之忠诚自比。

原文

然欲孤便尔委捐所典兵众[1]，以还执事[2]，归

译文

然而，如果让孤就此放弃所指挥统率的军队，交还朝廷，回到自己武平侯的

就武平侯国，实不可也。何者，诚恐已离兵为人所祸也。既为子孙计，又已败则国家倾危，是以不能慕虚名而处实祸，此所不得为也。前朝恩封三子为侯，固辞不受，今更欲受之，非欲复以为荣，欲以为外援，为万安计。孤闻介推之避晋封，申胥之逃楚赏[3]，未尝不舍书而叹，有以自省也。奉国威灵，仗钺征伐[4]，推弱以克强，处小而禽大，意之所图，动无违事，心之所虑，何向不济，遂荡平天下，不辱主命，可谓天助汉室，非人力也。然封兼四县[5]，食户三万，何德堪之！江湖未静，不可让位；至于邑土，可得而辞。今上还阳夏、柘、苦三县户二万，但食武平万户，且以分损谤议，少减孤之责也。（《魏书·武帝纪》注引《魏武故事》）

封国里去，又千万不可。为什么呢？那是因为生怕自己一旦脱离兵权就会被他人所加害啊。这既是为自己的后代着想，也是为国家担忧。孤一身如果败灭则国家必然倾危，因而不能只图清忠的虚名而令自己和家国都处于现实祸患的威胁之下，这是绝不可为的。此前，朝廷降恩封孤的三个儿子为侯，当时孤坚决辞让不受，而现在却又打算接受它。并非想以此为虚荣，是想借子弟之力作为孤的外援，以图万全。孤听说介子推入山躲开晋文公的加封，申包胥去国逃避楚昭王的重赏，每常慨然叹息，以此自我省视。因而想到自己奉天子威灵，持节钺征伐于海内。变弱势而胜强敌，以力小而擒大寇。凡意中所图谋的，行动无不如意；心中所思虑的，所向无不成功。于是荡平天下，不负君主所赋予的使命。这真是上天对汉家王朝的祐护，不是人力所能完成的，曹操又何功之有！然而却让我兼有四县的封地，享有三万户的禄食，曹操有何种功德能与此相称呢！河山江湖尚未平静，孤不可以让位；至于土地邑封，却不妨辞让。今特将阳夏、柘、苦三县共二万户的封土上还国家，只享武平县万户。且以此稍缓他人的诽谤，也略略减轻孤的罪责吧。

注释

1 **典**:掌管。

2 **执事**:主管人员,借指朝廷。

3 **申胥**:即申包胥,春秋时楚国大夫。吴军攻破楚国都城郢(今湖北江陵县东北),申包胥往秦国请兵,击退吴军。楚昭王回国后封赏功臣,申包胥不愿受封而逃走。

4 **仗钺征伐**:代天子征讨。钺是天子出征时的仪仗,把它赐给大臣,表示委任代表皇帝出征。

5 **四县**:即曹操封邑阳夏(今河南太康县)、柘(今河南柘城县北)、苦(今河南鹿邑县东)与武平(今河南鹿邑县西)四县。

转邴原为五官长史令[1]

建安十六年(211)

原文

子弱不才,惧其难正,贪欲相屈[2],以匡励之。虽云利贤[3],能不恧恧[4]!(《魏志·邴原传》注引《原别传》)

译文

孤之子庸弱无才,担心他难以遵循正道,今以非分之请委屈您,对他加以匡正勉励。虽出于重贤之诚心,但曹操怎能不惭愧!

注释

1 曹操子曹丕,建安十六年被任五官中郎将(京城侍卫军统领)。曹操调邴原做五官中郎将府长史(府内总管),并嘱曹丕待之以师礼。

2 **贪欲**:过分的要求,指要求邴原辅正曹丕事。

3 **利贤**:对贤者的信任重用。

4 **恧恧**(nǜ):惭愧。

下令增封杜畿秩[1]

建安十六年(211)

原文

河东太守杜畿,孔子所谓:“禹,吾无间然矣。[2]”增秩中二千石[3]。(《魏志·杜畿传》)

译文

河东太守杜畿,正可谓孔子所说的:“对于禹,我实在没有什么可挑剔的!”特令,增俸禄为中二千石。

注释

1 杜畿,字伯侯,京兆杜陵(今陕西省西安市长安区)人,荀彧举荐于曹操。任为河东太守。河东郡为曹操西部边防,有重要战略地位。杜畿到任后,平叛乱,兴农业,治绩卓然。建安十六年,曹操西征马超、韩遂,平定关中。战役中,杜畿积极供应军粮,满足军需,保障了胜利。曹操对他十分赞赏,下令给他增秩。秩,俸禄。

2 **禹,吾无间然矣:**出自《论语·泰伯》。意为:对于禹,我没有可挑剔的。

3 **中二千石:**太守俸禄为二千石(实为一百二十石),增为“中二千石”,即实为一百八十石。为当时九卿的待遇。

手书与阎行

建安十六年（211）

原文

观文约所为，令人笑来。吾前后与之书，无所不说，如此何可复忍！卿父谏议[1]，自平安也。虽然，牢狱之中，非养亲之处，且又官家亦不能久为人养老也。（《魏志·张既传》注引《魏略》）

译文

看文约的为人行事，让人笑话！我前后多次去信给他，该说的话都已说尽，他竟然如此作为，令人怎能再忍！您父亲谏议大夫，在此自然平安。虽说平安，但牢狱之中究竟不是奉养高亲的地方，况且官家也不能长久地替人赡养老人啊。

注释

1 **谏议**：指阎行的父亲阎纪，在朝任谏议大夫。

止省东曹令[1]

建安十七年（212）

原文

日出于东，月盛于东。[2]凡人言方，亦复先东，何以省东曹？（《魏志·毛玠传》）

译文

日自东方而出，月自东方而盛。人们凡提到方位，也是将东方放在前面，为什么要省东曹？

注释

1 曹操任丞相，任命毛玠为东曹掾。东曹为丞相府人事机构，主管二千石长官的任免。另有西曹，管丞相府内官员任免。毛玠为人清正，绝不循私，连曹丕想任用私人，都遭拒绝，因而为人所忌恨。建安十七年精简机构，有人借机进言："旧西曹为上，东曹为次，宜省东曹。"曹操明白此谋原为排斥毛玠，便下了此令，保留东曹而裁撤了西曹。

2 **"日出"二句：**这是交错的修辞法，意为日出而盛于东，月盛而出于东。盛，指光明。

与王脩书[1]

建安十七年（212）

原文

君澡身浴德[2]，流声本州[3]，忠能成绩，为世美谈，名实相副，过人甚远。孤以心知君，至深至熟，非徒耳目而已也。察观先贤之论[4]，多以盐铁之利，足赡军国之用。昔孤初立司金之官，念非屈君，余无可者[5]。故与君教曰："昔遏父陶正[6]，民赖其器用，及子妫满[7]，建侯于陈；近桑弘羊，位至三公[8]。此君元龟之兆先告者也[9]。"是孤用君之本言也，或恐众人未晓此意。

译文

您洁身育德，美声流于本州，忠贞、才能成就了您的功绩，为世人赞美，名实相副，远过他人。孤以内心审知君之为人，至为深入，至为熟稔，不止于耳闻目见的相知。察考前代贤人的言论，多认为盐铁之业的收益，足以供给军队国家的用度。当初孤设置司金中郎将，考虑到如不委屈您就任此职，其余就没有可胜任的人了。所以颁教令对您说："古时遏父担任陶正，人民靠他才得以使用陶器。他的功绩播及子嗣，其子妫满即因此封为陈侯。近代司盐铁之业的桑弘羊，职位至于三公。预先告知您，这就是您的元龟之兆！"这即是孤任用您的本意，普通众人或许不明白孤的意思。

注释

1 西汉武帝时，桑弘羊建盐铁官营制以增实国库。东汉废。建安十年(205)，曹操定冀州后，恢复盐铁官营以供军队国家需用。聘王脩(字叔治，北海营陵人)为司空掾,行司金中郎将(掌管铸钱币、兵器、农具的官职)。建安十七年,王脩向曹操陈述建议的信中说:“脩……在职七年,忠谠不昭于时,功业不见于事,欣于所受,俯惭不报,未尝不长夜起坐,中饭释餐。何者?力少任重,不堪而惧也。”委婉表露久任不得升迁的情绪。曹操复此信,即升王脩为魏郡太守,再升大司农郎中令(掌管赋税及财政收支)、太常(掌宗庙礼仪,九卿之一)。

2 **澡身浴德:**洗净身体以沐浴道德,即修身养德。

3 **本州:**王脩家乡青州。

4 **先贤之论:**指桑弘羊盐铁官营的主张。

5 **“念非”二句:**考虑到如不委屈你担任,其余就没有适合的人选。

6 **遏父陶正:**遏父,人名,陶正,官职名,司陶器生产。周武王时由遏父任陶正。

7 **妫满:**遏父之子,由父亲掌陶器生产之功,被封为陈侯。

8 **“近桑弘羊”二句:**桑弘羊,西汉洛阳人。武帝时领大司农,行盐铁官营、酒类专卖、均输平准等制有功于国,任御史大夫。西汉以御史大夫与丞相、太尉为三公。

9 **元龟之兆:**元龟,大龟。古代帝王出征、任命大臣都要以元龟壳占卜凶吉。这里指吉兆。

原文

自是以来,在朝之士,每得一显选[1],常举君为首,及闻袁军师众贤之议[2],以为不宜越君。然孤执心将有所底[3],以军师之职,闲于司金[4],至于建功,重于军师。孤之精诚,足以达君;君之察孤,足以不疑。但恐旁

译文

从那以后,每当有什么显要官职的位置,在朝官吏常常首先就推举您。后来听到军师袁涣同各位贤士的议论,也认为不应该越过您另举他人。然而孤坚持原定的想法。因为军师的职位虽高于司金中郎,而在为国家建立真功实绩上,司金中郎的作用却重于军师。孤的一片真诚,足以使您理解,而您对孤的了解,也足以使您对孤坦然不疑。只是恐怕旁人所见肤

人浅见，以蠡测海[5]，为蛇画足，将言前后百选，辄不用之，而使此君沉滞冶官。张甲李乙，尚犹先之，此主人意待之不优之效也[6]。孤惧有此空声冒实，淫蛙乱耳[7]。假有斯事，亦庶钟期不失听也[8]；若其无也，过备何害！

浅，以蠡测海，画蛇添足无中生有，他们会说："前后一再选举，每次都不用他，而使此人滞留于一个铸铁官的位子上，张某李某之辈犹且超过了他，这分明是主人待他不优厚的结果。"孤正是担心有这种虚言传播以冒真实，淫蛙之声惑乱视听。假如真有这种流言，那么只希望您如钟子期一般，不致误听。当然如果实际上并不曾有，多加提防也没什么害处。

注释

1 **显选：**显要官职的人选。

2 **袁军师：**指袁涣，曾任曹操军师祭酒。

3 **执心：**坚持本初的想法。　**底：**定。

4 **闲：**大。

5 **以蠡测海：**比喻以狭隘心胸度人。蠡，贝壳。

6 **效：**结果。

7 **淫蛙乱耳：**不正之乐声。此喻流言蜚语。

8 **"亦庶"句：**庶，庶几，表希望。钟期，钟子期，春秋时楚人。伯牙鼓琴，志在高山流水，钟子期听而知之。子期死，伯牙以为世无知音者，绝弦毁琴，终身不鼓。后世以钟子期为知音者的代称。

原文

昔宣帝察少府萧望之才任宰相[1]，故复出之，令为冯翊[2]。从正卿往[3]，似于左迁[4]。上使侍中宣意曰："君守平原日浅[5]，故复试君

译文

过去汉宣帝看出少府萧望之有宰相之才，故意调他出朝，命他做冯翊郡守。以正卿往做郡守，似乎有所谪贬。皇帝遣侍中传达旨意说："你任平原太守的时日还少，所以把您派到三辅地方

三辅[6],非有所间也[7]。”孤揆先主中宗之意[8],诚备此事[9]。既君崇勋业以副孤意[10]。公叔文子与君俱升[11],独何人哉[12]!(《魏志·王脩传》注引《魏略》)

试一试,并非有所疏远。”孤揣摩中宗先帝的本意,确实有以上的意图。希望您敬重自己的功业,以称孤的心意。古时公叔文子举荐其家臣与自己一同升迁,难道举世唯独只有一个公叔文子吗?

注释

1 **“昔宣帝”句:**宣帝,西汉宣帝刘询。少府,九卿之一,掌管山海地泽税收。萧望之,字长倩,兰陵人。宣帝欲重用他,有意调他出任地方官,他认为是降职,称病不往,宣帝派人传达自己的本意。

2 **冯翊**(píng yì):西汉首都的三个行政区划之一,治所在今陕西大荔县一带。

3 **正卿:**少府为九卿之一,称正卿。

4 **左迁:**古时以右为上,左迁即指降谪。

5 **平原:**郡名,属青州,治所在平原(今山东平原县西南)。萧望之曾任平原太守。

6 **三辅:**西汉首都长安所在的京兆,与都城外的扶风、冯翊三个行政区域的总称。

7 **间:**疏远,隔阂。

8 **揆:**揣测。 **中宗:**宣帝庙号。

9 **诚备此事:**确实准备这样做。

10 **既:**据《三国志集解》,“既”当是“冀”,希望。

11 **公叔文子:**春秋时卫国大夫公孙拔,谥号“贞惠文子”。他推荐自己的家臣僎为大夫,一同上朝。

12 **独何人哉:**难道仅仅只有他(能够如此)吗?

留荀彧表[1]

建安十七年（212）

原文

臣闻古之遣将，上设监督之重[2]，下建副二之任[3]，所以尊严国命，谋而鲜过者也[4]。臣今当济江，奉辞伐罪，宜有大使，肃将王命[5]。文武并用，自古有之。使持节侍中守尚书令万岁亭侯彧[6]，国之望臣[7]，德洽华夏[8]，既停军所次，便宜与臣俱进，宣示国命，威怀丑虏[9]。军礼尚速[10]，不及先请，臣辄留彧，依以为重。（《后汉书·荀彧传》）

译文

臣听说古代派遣将帅外出征伐，在上设立监督者的重要职命，在下则安排辅佐的助手，以此来维护国家使命的尊严，同时又有益于谋划周密减少过错。臣目前正要渡江，奉天子命诛伐罪寇，应当有天子所委派的尊使，郑重恭肃地维护君王的使命。监军使者文武可以兼用，自古就有先例。使持节侍中守尚书令万岁亭侯荀彧，为国家重望之臣，功德普及于华夏。今既已到达大军驻地，就应与臣一同征进，宣示国家严命，以威德招伏敌众。军中之礼贵迅速，不及预先请命，臣便自行将荀彧留军中，依赖他以重王命。

注释

1 建安十七年，曹操西征还朝，权势盛极。依萧何旧事，入朝不趋，赞拜不名，剑履上朝。这时曹操谋臣董昭等策划让曹操晋爵魏公，备九锡，受到荀彧劝阻。荀彧是士族拥汉派的首领，他反对曹操代汉自立。曹操对此不满。同年十月，曹操率师南征孙权，表请荀彧至谯郡劳军。

荀彧到军后，曹操又上《留荀彧表》，将荀彧留在军中，实为监视。大军到濡须（今安徽无为东南）时，荀彧患病留寿春（今安徽寿县），忧病而死。

2 **上设监督之重**：《史记·司马穰苴列传》：齐景公以穰苴为将军，穰苴奏说：我出身卑贱，难以服众，请君主派宠臣任监军。齐景公遂派庄贾监军。

3 **副二**：辅佐的副手。

4 **鲜过**：减少过错。

5 **肃将**：严肃郑重地掌握。

6 **使持节**："节"是出使时帝王授予的凭证。"使持节"之衔表示被授予杀二千石以下官员的权力；"持节"可杀无官职者；"假节"可杀违反军令者。

7 **望臣**：有威望的大臣。

8 **洽**：遍及。

9 **丑虏**：指敌人。

10 **军礼**：军队制度。

让九锡表[1]

建安十八年（213）

原文

臣功小德薄，忝宠已过[2]，进爵益土，非臣所宜；九锡大礼，臣所不称。惶悸征营[3]，心如炎灼，归情写实[4]，冀蒙听省。不悟陛

译文

臣功劳微少，德行浅薄，有辱天子赐我尊宠，已是大有过之了。加升爵位，增益邑土，不是臣所应该安受的；现今再赐予九锡大礼，更不是臣的功德所能称副的。惶惧战栗，内心有如爝火烧灼。因此

下复诏褒诱，喻以伊、周，未见哀许[5]。臣闻事君之道，犯而勿欺[6]；量能处位，计功受爵，苟所不堪，有损无从[7]。加臣待罪上相[8]，民所具瞻，而自过谬，其谓臣何[9]？（《艺文类聚》卷五三）

依照真实感情，抒写实意，谨望得蒙陛下知悉省察。想不到陛下再降恩诏，褒扬劝谕，以伊尹、周公错比微臣，臣之哀恳请求，未获听许。臣听说侍奉君主的道义，宁可直言冒犯，不可诡言欺罔。臣的意愿，只可估量自身的才能而受任职位，计数本人的勋绩领受爵封。倘若恩宠过当，为臣所不当领受，臣宁死不敢从命。况且臣已位居丞相，为万民所注目，而臣却自作谬误，天下百姓会如何评说为臣呢？

注释

1 建安十八年五月，汉献帝封曹操为魏公，以冀州十郡为国土。仍以丞相领冀州牧，加九锡。魏国置丞相以下百官，皆如汉初诸侯之制。这标志着曹魏政权的正式建立。按惯例，这时曹操必须一再表示谦让不受，又由群臣一再表示拥戴，然后接受。因而曹操写了《让九锡表》《辞九锡令》《上书谢策命魏公》，都是例行的礼节性文章。九锡，古代帝王特命赐予大臣的九种器物，表示特殊的尊礼：车马；礼服；乐舞；朱户（门涂红色）；纳陛（台阶修于檐下使不露于天）；虎贲（武士）三百人；弓矢；铁钺；秬鬯(jù chàng，祭祀所用美酒)。锡，赐予。受九锡在历史上有特殊含义。东汉王莽建立新王朝前先加九锡，后来魏晋南北朝执政大臣篡位建新王朝前，都加九锡。

2 **忝宠：**有辱于宠爱。

3 **征营：**惶恐不安貌。

4 **归情：**犹言“原情”，依照真实的感情。

5 **未见哀许：**哀求没有得到允许。

6 **犯：**指因谏诤而冒犯。

7 **有损无从：**宁死也不能听从。

8 **待罪：**任职的谦词。

9 **其谓臣何:**这句意为:人们会怎么议论臣呢?其,指上文“民”。

辞九锡令[1]

建安十八年(213)

原文

夫受九锡,广开土宇[2],周公其人也。汉之异姓八王者[3],与高祖俱起布衣[4],创定王业,其功至大,吾何可比之?(《魏志·武帝纪》注引《魏书》)

译文

接受九锡之赐的殊荣,开拓王国的广袤疆土,那是周公这样的大贤所应有的丰功沃德。西汉异姓八王,与天子汉高祖一同以布衣之身起兵,克定天下,创建王业,他们的功劳无可比拟,我怎么能与他们相匹呢?

注释

1 汉献帝策命中有:“魏国置丞相以下群卿百寮,皆如汉初诸侯王之制。”所以此令中说到“汉之异姓八王”。

2 **土宇:**指国土。

3 **汉之异姓八王:**汉高祖封刘姓以外的八王:韩王信,梁王彭越,齐王韩信,长沙王吴芮,淮南王英布,燕王臧荼,赵王张耳,燕王卢绾。

4 **“与高祖”句:**汉高祖刘邦,字季,沛县人。秦末起兵响应陈胜起义,入关占领咸阳,推翻秦朝。公元前202年,他击败项羽,建立西汉。刘邦曾任泗水亭长,与曾为渔民的彭越和曾为刑徒的英布,都出身微贱。布衣,普通百姓。

上书谢策命魏公

建安十八年（213）

原文

臣蒙先帝厚恩，致位郎署[1]，受性疲怠，意望毕足，非敢希望高位，庶几显达。会董卓作乱，义当死难，故敢奋身出命，摧锋率众，遂值千载之运，奉役目下。[2]当二袁炎沸侵侮之际[3]，陛下与臣寒心同忧。顾瞻京师，进受猛敌，常恐君臣俱陷虎口，诚不自意能全首领。赖祖宗灵祐，丑类夷灭，得使微臣窃名其间。陛下加恩，授以上相，封爵宠禄，丰大弘厚，生平之愿，实不望也。口与心计，幸且待

译文

臣有幸得蒙先帝的厚恩，进入议郎署任职。自己天性懒惰懈怠，至此意愿尽已得偿，并不敢再希图崇高的官位，议郎之职对我来说已算是显达了。这时恰逢董卓作乱，道义所在，臣理当效死于国难，故此敢于挺身而出，率领士众，陷阵退敌。于是幸遇千载不遇之机，奉事国朝直到今日。当二袁势如沸汤烈焰侵侮朝廷的时候，陛下与臣同忧共患，心常惊惧。臣后顾有京师之忧，前进有强敌之险，时常担心君臣会同陷于虎口，真正不自料最终能全其性命。幸而托赖祖宗神灵祐护，贼寇终于遭到覆灭，使微臣在战乱中窃取了名誉。陛下施恩，授予臣丞相之显职，封以高爵，赏以厚禄。恩宠丰大弘厚，臣生平从不料竟能得到如此的际遇。以口问心，倘如能待罪尽忠，保全列侯的爵位，身后付予子孙，自身能寄托于圣明之世，即已心满意足，此生再无忧虑遗憾了。不想陛下竟兴发盛

罪，保持列侯，遗付子孙，自托圣世，永无忧责。不意陛下乃发盛意，开国备锡，以贶愚臣[4]，地比齐鲁[5]，礼同藩王[6]，非臣无功所宜膺据[7]。归情上闻，不蒙听许，严诏切至，诚使臣心俯仰逼迫。伏自惟省，列在大臣，命制王室，身非己有，岂敢自私。遂其愚意，亦将黜退，令就初服[8]。今奉疆土，备数藩翰[9]，非敢远期，虑有后世；至于父子，相誓终身，灰躯尽命，报塞厚恩。天威在颜[10]，悚惧受诏。（《魏志·武帝纪》注引《魏略》）

意，为臣开国封侯，加以九锡大礼，国土不亚于齐鲁，礼制等同于藩王。这不是如臣这样的无功之人所应当受享的。臣表白真情，上达天子，却未得圣意许可，严厉的诏命急切而至，使为臣心怀忐忑，促迫不安。臣谨自我省察，自己已身在国家大臣的行列，命运祸福系于王室，此一身之存亡已不属于自己，岂敢再将自己视为私有呢？倘使真正顺遂愚臣的私愿，不是该将为臣黜退，使臣再穿上当初为民的布衣吗？今天臣本守国土，跻身王室藩翰之列，不敢再有更远的期待，考虑将传及后代。但就臣父子两代，则已经共相立誓以终身许国，捐躯尽命，回报国家高天厚土之恩。面临天子之威严，惶恐畏惧谨受诏命。

注释

1 **“臣蒙”二句：**先帝，指汉灵帝。郎署，议郎官署。光和三年(180)，曹操被征为议郎，为顾问官。

2 **“遂值”二句：**指建安元年曹操迎献帝都许事。奉役目下，服役直至现在。

3 **炎沸：**烈火沸汤，比喻祸乱剧烈。

4 **贶(kuàng)：**赏赐。

5 **齐鲁：**周武王封吕尚于齐，都营丘；封周公旦于鲁，由周公长子伯禽受封为鲁侯，都曲阜。齐、鲁都是当时的大国。

6 **藩王：**帝王所封的诸侯国可作为王朝的屏障，故诸侯王称藩王。

7 **膺据：**膺，接受。据，占有，拥有。

8 **初服：**做官以前穿的衣服。《离骚》：“退将复修吾初服。”因指辞官为民。

9 **藩翰:**屏障与支撑。用指诸侯王。翰,通“干”,筑墙所立的木柱。

10 **天威在颜:**《左传》:“天威不违颜咫尺。”即天子的威严就在眼前。

下州郡[1]

建安十八年(213)

原文

昔仲尼之于颜子[2],每言不能不叹。既情爱发中,又宜率马以骥[3]。今吾亦冀众人仰高山、慕景行也[4]。(《魏志·杜畿传》注引《杜氏新书》)

译文

前代孔子对于颜回,每一说起便不能不赞叹。这既是圣人对大贤的爱重之情发自肺腑,又是孔子希望优选良骥以做马群表率的意思。现在我也希望众位仰慕高山,效法景行。

注释

1 平虏将军刘勋曾向杜畿索取河东大枣,杜畿推故拒绝了。刘勋是曹操所宠信的权贵,后来犯法就刑。事后曹操发现了杜畿拒绝刘勋索贿的信,赞叹道:“杜畿可谓‘不媚于灶’者也。”本篇是曹操就此事向各州郡发布的通报。

2 **颜子:**颜回,又名颜渊,志行修洁,是孔子最推重的学生。曾由衷称赞“贤哉回也”!

3 **率马以骥:**挑选一匹出色的良马作为马群的领头。比喻以贤人做大众表率。

4 **仰高山、慕景行:**出自《诗经·车辖》:“高山仰止,景行行止。”意为:对有高德者就像对高山一样仰慕他,对模范的行为就要效法。前一“行”

字指行为,后一"行"字为动词,指行动效法。景行,好的行为。

以杜畿为尚书仍镇河东令[1]

建安十八年(213)

原文

昔萧何定关中,寇恂平河内[2],卿有其功。间将授卿以纳言之职[3],顾念河东,吾股肱郡,充实之所,足以制天下,故且烦卿卧镇之[4]。(《魏志·杜畿传》)

译文

往昔萧何安定关中,寇恂平治河内,如今您治河东,正有萧、寇之功。近来将授您尚书的职务。然而考虑河东郡之重要如同我之股肱,富足殷实,凭据它足以控制天下,因此暂且烦君以您的威望,像当年汲黯先生一样,为我卧镇河东吧。

注释

1 曹操建魏国后,任杜畿为尚书。但考虑到河东郡地位的重要与杜畿的治绩才能,仍留杜畿镇河东。

2 **寇恂:**见《举泰山太守吕虔茂才令》注4。

3 **"间将"句:**间,近来。纳言,古时负责传达天子命令的官员。后称尚书为纳言。

4 **卧镇:**《汉书·汲黯传》:西汉武帝时,汲黯为东海(治所在今山东郯城北)太守,为人多病,时常卧于室内,而东海郡大治。后武帝召他为淮阳太守,他辞以病,武帝说:"顾淮阳吏民不相得,吾徒得君之重,卧而治之。"这里用来称道杜畿的威望和能力。

议复肉刑令[1]

建安十八年（213）

原文

安得通理君子达于古今者，使平斯事乎[2]？昔陈鸿胪以为死刑有可加于仁恩者[3]，正谓此也。御史中丞能申其父之论乎[4]？（《魏志·陈群传》）

译文

何处可得深明事理而通达古今的贤君子，让他来评断这件事理错杂令人莫衷一是的事呢？以往陈鸿胪认为肉刑也有胜于"仁恩"之刑之处，正是辩论其中道理的。御史中丞能申述一下他父亲的意见吗？

注释

1 古代有肉刑。汉文帝下令废除三种肉刑：墨（在脸上刺字）、劓（割鼻）、刖（截去脚或脚趾），代之以笞（打背）刑。但笞刑常常将人打死或致残。曹操议刑罚，认为以笞刑之弊，还不如恢复肉刑。建立魏国后，曹操交御史中丞主持讨论这个问题。当时的两种意见是：一种认为笞刑名轻实重，伤害百姓，应复肉刑；一种则认为当时时局未定，肉刑闻之可畏，会把欲来归附者吓跑。曹操最后采纳了后一种意见。

2 **平**：通"评"。

3 **"昔陈鸿胪"句**：陈鸿胪陈纪，陈群之父，曾任大鸿胪（掌诸侯或外邦朝见礼节等事）。陈纪主张复肉刑。此句中"死刑"实指肉刑。加，胜过。仁恩，汉文帝废肉刑被称为"仁恩"，因此"仁恩"实指笞刑。

4 **御史中丞**：御史台首长。此指陈群。

辩卫臻不同朱越谋反论[1]

建安十八年（213）

原文

孤与卿君同共举事[2]，加钦令问[3]。始闻越言，固自不信。及得荀令君书[4]，具亮忠诚[5]。(《魏志·卫臻传》)

译文

孤与您父亲一同起事，况且，对先生的嘉行美誉，曹操也向来钦赏。当初，听到朱越的那些话，我本来就没有相信。后来见到荀令君的书信，您的忠诚更是昭然可知了。

注释

1 建安十八年，东郡朱越谋反，诬陷卫臻与之同谋。曹操不信，使荀彧调查，查清了真相。卫臻，陈留襄邑人，汉献帝的黄门侍郎。

2 **“孤与”句：**卿君，称卫臻父卫兹。曹操起兵陈留，曾得卫兹资助，荥阳之战，卫兹战死。

3 **令问：**美好的声望。“问”通“闻”。

4 **荀令君：**对荀彧的敬称。

5 **具亮：**完全明白。

杨阜让爵报[1]

建安十九年（214）

原文

君与群贤共建大功，西土之人以为美谈[2]。子贡辞赏，仲尼谓之止善。[3]君其剖心以顺国命。姜叙之母，劝叙早发，明智乃尔。虽杨敞之妻[4]，盖不过此，贤哉贤哉！良史纪录，必不坠于地矣[5]。（《魏志·杨阜传》）

译文

您与众位贤士同建大功，在西土传为佳话。以往子贡谢绝赏赐，孔子批评他阻止了他人为善。希望你坦诚尽心，顺从国家命令。姜叙的母亲劝姜叙早日出兵，何等明智！就是前代杨敞的妻子，大概也不算超过她。何等贤德啊！优秀的史官将记载这些美行，必定不会使它湮没无闻的。

注释

1 杨阜，字义山，天水冀人，是凉州刺史韦康的参军。建安十八年，马超率羌、胡侵扰陇右各郡县，杨阜固守冀城（今甘肃甘谷县西南）八月。后韦康开城门投降，反为马超所杀。杨阜往历城（今甘肃西和县北）向抚夷将军姜叙求援，姜母命姜叙早日出兵。杨阜先回冀城，联合城内将士，在马超出城迎击姜叙援军时，闭城拒超。终于击败马超，平定陇右。建安十九年，曹操封杨阜等十一人为列侯。杨阜辞让，曹操写此信给他。

2 **西土：**指陇右（今甘肃南部）一带。

3 **“子贡”二句：**子贡，春秋时卫国人。姓端木，名赐，孔子弟子。《说苑》：鲁国之法，鲁人如从其他诸侯国赎回奴隶，可到政府领回赎奴所用的钱。子贡赎回奴隶却不领报酬。孔子说子贡的做法不对,这样的话,从此鲁国就不会再有赎奴的事了。止善,阻止他人行善。

4 **杨敞之妻:**西汉司马迁的女儿,嫁杨敞。《汉书·杨敞传》:大将军霍光谋废昌邑王,使大司农田延年通知杨敞,杨敞不知该怎么办,杨敞妻代他向田延年表示奉行大将军号令。

5 **坠于地:**使埋没无闻。

征吴教[1]

建安十九年(214)

原文

今孤戒严,未知所之[2],有谏者死。(《魏志·贾逵传》注引《魏略》)

译文

孤现在宣布戒严,大军所向尚未确定,有敢于谏阻者处死刑。

注释

1 曹操决定南征孙权,恰遇连日大雨,怕有人因此谏阻出兵,便下了这道教令。丞相府主簿贾逵认为确实不宜出征,与三个同僚联名上谏。曹操逮捕了他们。贾逵承认是自己首事,自动入狱。曹操认为贾逵的意见没有恶意,又下《原贾逵教》。

2 **未知所之:**还没有确定进军方向。

原贾逵教[1]

建安十九年（214）

原文

逵无恶意，原[2]，复其职。（《魏志·贾逵传》注引《魏略》）

译文

贾逵并没有恶意，命令赦免，恢复他的职位。

注释

1 贾逵，字梁道，河东襄陵（今山西临汾东南）人。先为丞相府主簿，后为豫州刺史。

2 **原：**赦免。

戒子植[1]

建安十九年（214）

原文

吾昔为顿丘令[2]，年二十三。思此时所行，无悔于今。今汝年亦二十三矣，可不勉欤！（《魏志·陈思王植传》，《御

译文

我当年做顿丘县令时，年二十三岁。回想这一段时间的为人行事，直到今天也不感到有什么悔恨的。你现在正好也是二十三岁，能不及

览》四五九引《曹植别传》）

时地省察激励自己吗！

注释

1 建安十九年七月，曹操率师南征孙权。派第三子曹植留守魏都邺城。这是行前告诫之言。曹植，字子建，建安文学代表人物。建安十六年封平原侯，十九年改封临淄侯。

2 **顿丘：**县名，在今河南清丰县西南。

悼荀攸下令[1]

建安十九年（214）

原文

孤与荀公达周游二十余年，无毫毛可非者。

荀公达真贤人也，所谓"温良恭俭让以得之[2]"。孔子称"晏平仲善与人交，久而敬之[3]"，公达即其人也。（《魏志·荀攸传》注引《魏书》）

译文

孤与荀公达相处共事二十余年，公达没有一丝一毫可让人非议的。

荀公达真是一位贤德君子啊。他一生的为人事业，正是所谓"温良恭俭让以得之"。孔子说："晏平仲善于与人交往，时日愈长久，友人便愈尊敬他。"荀公达正是这样的人。

注释

1 建安十九年，荀攸在随曹操南征孙权时病死于途中。曹操十分痛惜，说到荀攸辄下泪。下此令，追封荀攸为敬侯。

2 **"温良"句：**出自《论语·学而》，是孔子弟子子贡的话。子贡认为孔子能以其温良恭俭让的为人风格赢得他人信任和好感，人们愿意把地方的政事告诉他。温良恭俭让指温和、善良、恭肃、节俭、谦逊。

3 **“晏平仲”二句:**出自《论语·公冶长》,孔丘赞美晏婴的话。

夏侯渊平陇右令[1]

建安十九年(214)

原文

宋建造为乱逆三十余年,渊一举灭之,虎步关右,所向无前。仲尼有言:“吾与尔不如也。[2]”(《魏志·夏侯渊传》)

译文

宋建为祸作乱积三十余年,夏侯渊一战而全部肃清,乘猛虎之威横行关右,所向无敌。孔子说过:“我与你都不如他!”

注释

1 宋建割据凉州三十余年。建安十九年,夏侯渊击败马超、韩遂后,又受曹操命讨宋建。十月,进军枹罕(今甘肃临夏西南),斩宋建,陇右得平。曹操下此令嘉奖。夏侯渊,字妙才,沛国谯人,夏侯惇族弟,曹操亲信将领之一。

2 **“吾与”句:**出自《论语·公冶长》:“子谓子贡曰:‘女与回也孰愈?’对曰:‘赐也何敢望回?回也闻一以知十,赐也闻一以知二。’子曰:‘弗如也,吾与女弗如也。’”

假为献帝策收伏后[1]

建安十九年（214）

原文

皇后寿，得由卑贱[2]，登显尊极。自处椒房[3]，二纪于兹[4]。既无任、姒徽音之美[5]，又乏谨身养己之福；而阴怀妒害，苞藏祸心，弗可以承天命，奉祖宗。今使御史大夫郗虑持节策诏[6]，其上皇后玺绶[7]，退避中宫，迁于它馆。呜呼伤哉，自寿取之！未至于理[8]，为幸多焉！（《后汉书·献帝伏皇后纪》）

译文

皇后伏寿，由卑贱出身得居皇后之位，登上显要的福地，受到至极的尊宠。自入椒房以来，至今已将有二纪。然而既没有如太任、太姒一般的贤德美范，又缺少恭谨立身、怡养尊荣的福祉。却暗抱妒恨残害之意，包藏肇祸为逆之心。绝不可令此不良之人仰承天命，敬祀祖宗。今派遣御史大夫郗虑持符节诏命，令伏寿交还皇后印绶，退离中宫，迁居别第。呜呼，可悲可伤，一切罪尤，都是伏寿自取！不曾以国家刑法处置，已为万千之幸。

注释

1 早在建安五年，献帝贵人的父亲董承受献帝密诏，密谋杀曹操，事泄，董承与董贵人都为曹操所杀。这时，皇后伏寿写密信给父亲伏完，要他设法除去曹操，伏完不敢。伏完死后五年，即建安十九年，曹操发觉此事，逼献帝废黜伏后，并以献帝令拘禁了她。假，代替。

2 **得由卑贱**：得，指得到皇后位。由卑贱之出身而得皇后位。

3 **椒房:**皇后住房,古制要以花椒和泥涂墙,以除恶气并象征多子。

4 **二纪:**十二年为一纪。伏寿于兴平二年(195)立为皇后,至此十九年,“二纪”是举其整数。

5 **任、姒徽音之美:**任,太任,周文王之母;姒,太姒,周文王之妻。古以任、姒为后妃贤德的典范。徽音,美德。

6 **御史大夫郗虑:**御史大夫,在朝掌监察的官。郗虑,字鸿豫,山阳高平(今山东邹城西南)人。

7 **上:**交出。

8 **理:**法办。

谢置旄头表[1]

建安十九年(214)

原文

不悟陛下复加后命,命置旄头,以比东海[2]。(《御览》卷六八〇)

译文

想不到陛下再下后一道诏命,命臣置立旄头,将臣与东海王相比。

注释

1 建安十九年十二月,献帝诏命曹操置旄头。旄头是一种骑士的名称,《汉官仪》:“旧选羽林为旄头,被发先驱。”从禁军中选出武士,作为御驾的前卫,皇帝出行时,披散头发,在前开路。置旄头,意味着可使用与皇家等同的礼仪,是一种特殊荣誉。

2 **东海:**东海王刘彊,东汉光武帝之子。他曾被光武帝赐给旄头。

敕有司取士毋废偏短令[1]

建安十九年（214）

原文

夫有行之士，未必能进取；进取之士，未必能有行也。陈平岂笃行[2]，苏秦岂守信邪[3]？而陈平定汉业，苏秦济弱燕。由此言之，士有偏短，庸可废乎[4]！有司明思此义，则士无遗滞[5]，官无废业矣。（《魏志·武帝纪》）

译文

行为端正的人，未必能进取事功，有所作为；有作为的人，行为又不一定端检。如陈平，难道品行淳厚吗？如苏秦，难道笃守信用吗？然而陈平却参与奠定了汉家大业，而苏秦扶助了弱小的燕国。由此而论，有用之士尽管有某些短缺之处，怎能因此而废置抛弃呢？主管部门长官将这个道理认真琢磨想通，那么才智之士就不会被遗弃而潦倒困穷，而官家也不至于因缺乏人才而旷废事业了。

注释

1 汉代选拔人才由地方推举，首重德行，如“孝廉”之选。实践中产生虚假之弊。曹操此令，重申“唯才是举”的宗旨，以进取事功作为选才的第一标准。有司，主管部门。偏短，某方面有短处。

2 **陈平：**汉初阳武（今河南原阳县东南）人。曾受“盗嫂受金”之诬，辅助刘邦建立汉朝，是刘邦最重要的谋臣之一。

3 **苏秦岂守信：**苏秦，战国时纵横家，洛阳（今属河南）人。他游说六国联合抗秦，劝齐王以联盟为重，归还燕国十城。齐国人因此责他卖国，反复无信。

4 **庸:**难道。

5 **遗滞:**遗,丢弃。滞,迟滞,得不到任用。

选军中典狱令[1]

建安十九年(214)

原文

夫刑,百姓之命也。而军中典狱者或非其人[2],而任以三军死生之事[3],吾甚惧之。其选明达法理者,使持典刑。(《魏志·武帝纪》)

译文

刑律,是大众性命之所系。但军中的掌管刑法者,有些并非适当的人选。将关系三军死生的大事交到这些人手中,我非常恐惧。特令选拔明白精通法律条令的人,让他们来执掌刑律。

注释

1 **典狱:**主管刑狱。

2 **非其人:**不是适宜担任的人。

3 **三军:**古时军队分上、中、下三军。三军即全军。

报蒯越书[1]

建安十九年（214）

原文

死者反生，生者不愧。[2]孤少所举，行之多矣。魂而有灵，亦将闻孤此言也。（《魏志·刘琮传》注引《傅子》）

译文

即使死者复活，生者也无愧于心。孤年少时所推举的人，往往都是这样做的。蒯异度魂灵有知：您该听到孤的这番话了吧！

注释

1 蒯越于建安十九年病逝，临终前，他托曹操照管他的家属。本篇是曹操的复信。

2 **“死者”二句：**出自《公羊传·僖公十年》，原文为：“使死者反生，生者不愧乎其言，则可谓信矣。”意为：如果死者生前有所托付，那么，假设让死者复活，而生者面对他也能无愧于自己的诺言，便可称为信。

高选诸子掾属令[1]

建安十六年至十九年（211—214）

原文

侯家吏[2]，宜得渊深法度如邢颙辈[3]。（《魏志·邢颙传》）

译文

侯王家的属吏，应选举深通法律像邢颙先生那样的人。

注释

1 这是曹操为给诸子选拔属吏所发布的令。高，严格。

2 **侯家吏**：侯家，指曹植府。曹植初封平原侯，建安十九年徙临淄侯。

3 **“宜得”句**：渊深法度，深通法理。邢颙，字子昂，河间鄚（今河北任丘北鄚州镇）人。曹操任为冀州从事，后任平原侯曹植家丞，以品行著称。被称为“德行堂堂邢子昂”。

以高柔为理曹掾令[1]

建安十九年（214）

原文

夫治定之化[2]，以礼为首；拨乱之政，以刑为

译文

安定平治之世主教化，以礼教为首；拯救乱世主政法，以刑律为先。因此舜曾经

先。是以舜流四凶族[3]，皋陶作士[4]；汉祖除秦苛法[5]，萧何定律[6]。掾清识平当，明于宪典[7]，勉恤之哉[8]！

流放了四凶，以公正的皋陶掌管刑狱；汉高祖曾废除秦代的苛刑峻法，以廉明的萧相制定九律。掾属您识见清明，处事平正，通晓法律。希望您勤勉尽职，慎事刑律！

注释

1 建安十九年十二月，丞相府设置理曹（主管刑法的机构），任高柔为理曹掾。高柔，高幹堂弟。初随高幹，后归曹操。曹操任为刺奸令史。从事刑法工作，公正无私，狱无积案。

2 **治定之化**：治定，安定平治之世。化，教化。

3 **舜流四凶族**：四凶，指鲧、共工、驩兜、三苗。传说舜曾将四凶流放或处死。

4 **作士**：做执法官。

5 **汉祖除秦苛法**：秦代法律苛暴，汉高祖刘邦克咸阳后，宣布废除秦法，公布“约法三章”。

6 **萧何定律**：汉相萧何对秦律进行改造，制定汉律九章。

7 **宪典**：法典。

8 **勉恤**：犹言勤勉尽职，慎事刑律。

合肥密教[1]

建安二十年（215）

原文

若孙权至者，张、李将军出战[2]，乐将军守[3]，护军勿得与战[4]。（《魏志·张辽传》）

译文

倘若孙权兵到，由张、李两将军出击，乐将军守城。护军不要参加战斗。

注释

1 建安二十年二月，曹操西征张鲁。为防孙权乘机来袭，留张辽、乐进、李典驻守合肥。临行留下这道《合肥密教》，封皮上写“贼至乃开”。八月，孙权率十万兵围合肥，张辽开看密教，认为曹操之意，是在孙权初至未稳，尚未合围前迎击，挫其锐气，即率精锐直捣孙权麾下。孙权果退败。合肥，东汉侯国名，在今安徽合肥市。

2 **张、李将军：**指张辽、李典。李典，字曼成，山阳巨野（今山东巨野）人。两人都是善攻的猛将，故令出战。

3 **乐将军：**即乐进。其作战行动持重，故令守城。

4 **护军：**官名，东汉时有督战权。这里指当时的护军薛悌。

报刘廙[1]

建安二十年（215）

原文

非但君当知臣，臣亦当知君。今欲使吾坐行西伯之德[2]，恐非其人也。

译文

不但是君主应当了解自己的臣下，其实作为臣也应当了解自己的君主。当今要让我安坐冀中实行西伯式的德治，恐怕我不是那样的人。

注释

1 建安二十年，曹操进驻长安，准备西征刘备。黄门侍郎刘廙上书谏阻：“故文王伐崇，三驾不下，归而修德，然后服之。……殿下可高枕于广厦，潜思于治国；广农桑，事从节约，修之旬年，则国富民安矣。”本篇是曹操的答复。

2 **坐行西伯之德：**不事战伐，像西伯一样行德治。

春祠令[1]

建安二十一年（216）

原文

议者以为祠庙上殿当解履[2]，吾受锡命，带剑不解履上殿。今有事于庙而解履，是尊先公而替王命，敬父祖而简君主[3]，故吾不敢解履上殿也。又临祭就洗[4]，以手拟水而不盥[5]。夫盥以洁为敬，未闻拟而不盥之礼，且"祭神如神在"[6]，故吾亲受水而盥也。又降神礼讫，下阶就幕而立[7]，须奏乐毕竟，似若不衎烈祖[8]，迟祭速讫也。故吾坐俟乐阕送神乃起也[9]。受胙纳袖[10]，以授侍中，此为敬恭不终实也。古者亲

译文

人们认为祭祀宗庙和入朝上殿都应当脱鞋。我受帝王恩命，得带剑不脱鞋上殿。如果现在祭祀宗庙反而脱鞋，那岂不是尊重先人而不遵王命，礼敬父祖而轻亵君王！故此我祭宗庙不敢脱去鞋子上殿。另外，按例临祭时到水盆边洗手，只用手模拟一下浇水洗涤的样子而不真正盥洗。按理盥手是以洁净来表示恭敬，没有听说过只做模拟而不实洗合乎礼敬的道理，况且祭祀就应该是"祭神如神在"，只拟不洗仿佛心中已没有神在，所以我一定要真正接水盥手。再有，降神礼毕后，主祭人要走下台依帷幕站立，直到乐曲奏完。这好像是对烈祖并不喜爱，嫌祭祀时间太长，希望尽快结束似的。因而我一直坐着，待到奏送神曲才起立。以往，祭礼后接受胙肉，先放于袖中，然后交授给侍中，这样做显得对神的恭敬不能始终地真心诚意。古时帝王都躬行祭事，所以我把胙肉

持祭事，故吾亲纳于袖，终抱而归也。仲尼曰："虽违众，吾从下。[11]"诚哉斯言也。（《魏志·武帝纪》注引《魏书》）

放进袖中，直到最后亲自抱着回去。孔子说："虽然有违于众人的行为，我仍然宁可拜于堂下。"这话说得何等中肯！

注释

1 建安二十一年一月，曹操平汉中后回到邺城，在庆功封赏祭告宗庙时发布此令。认为春祭仪式某些做法应予改革。

2 **解履：**脱鞋。古时席地而坐，入室上殿都脱鞋。建安十七年曹操被允许"剑履上殿"，即佩剑并且不脱鞋上殿，是一种特殊荣遇。

3 **"今有事"三句：**这三句意思是说，既然自己已受到皇帝锡命在上朝时不脱鞋，那么，如果现在入庙祭祀又按祭祀礼脱鞋的话，就显得对祖先的恭敬超过了对帝王，这是不适宜的。简，简慢，轻怠。

4 **就洗：**即浇水洗手。洗，古代洗手用的器具。古代用盘浇水洗手，在下接住洗手之水的器具叫洗，形似盘。

5 **盥：**用盘浇水。以手拟水而不盥，是只用手做出洗手的样子而不实际浇水。

6 **祭神如神在：**出自《论语·八佾》："祭如在，祭神如神在。"意思是说：祭祀时内心恭肃祗敬，祭祖先则像祖先真在眼前，祭神则像神真在眼前一样。曹操认为只拟水而不实际洗手，就仿佛是承认祭祀只是虚拟的行为，有违"祭如在"的精神。

7 **就幕：**依着帷幕。

8 **衎（kàn）：**和乐，喜爱。

9 **俟乐阕送神：**待乐章奏到送神曲。

10 **胙：**祭祀用的供品肉，祭后分送给参与祭祀者。

11 **虽违众，吾从下：**出自《论语·子罕》："拜下，礼也；今拜乎上，泰也。虽违众，吾从下。"孔子认为，按礼节说，臣见君，应先在堂下拜，等君表示辞让，再升到堂上拜。而现在则直接在堂上拜，是倨傲不敬的表现。虽然众人都这样做，但孔子为了守礼，仍在堂下拜。这里曹操借此说明，他为了表示恭敬，而与众人做法不同。

赐死崔琰令[1]

建安二十一年（216）

原文

琰虽见刑[2]，而通宾客，门若市人[3]，对宾客虬须直视[4]，若有所瞋[5]。(《魏志·崔琰传》)

译文

崔琰虽受刑罚，却仍然与宾客交往，门庭若市，接待宾客时胡须卷曲，眼睛直视，像在发怒地瞪着什么。

注释

1 曹操称魏王后，杨训上表称颂。杨训是崔琰举荐，有人讥笑杨训表文“希世浮伪”，认为崔琰举人不当。崔琰看了表文后致书杨训道：“省表，事佳耳。时乎时乎，会当有变时。”《魏志》认为崔琰本意是讥刺议论者好指责而不循情理。而曹操听说后发怒说：“谚言‘生女耳’，‘耳’非佳语，‘会当有变时’，意指不逊。”认为崔琰意存诽谤（称魏王事），罚为徒隶（服劳役）。又有人报告崔琰受罚心怀不平。曹操派人去察看，见崔琰“辞色不挠”，于是下此令，迫令自杀。

2 **见刑：**被罚，指令崔琰为徒隶。

3 **门若市人：**门前如街市一样人来人往。

4 **虬须：**胡须卷曲。

5 **瞋：**发怒时眼睛睁大。

与和洽辩毛玠谤毁令[1]

建安二十一年（216）

原文

今言事者白玠不但谤吾也，乃复为崔琰觖望[2]。此损君臣恩义，妄为死友怨叹，殆不可忍也。昔萧、曹与高祖并起微贱[3]，致功立勋，高祖每在屈笮[4]，二相恭顺，臣道益彰，所以祚及后世也。和侍中比求实之，所以不听，欲重参之耳[5]。（《魏志·和洽传》）

译文

今有奏事人说毛玠不但诽谤我，还为崔琰之死心怀怨怅。伤害君臣之间的恩义，狂妄不敬，为死去的朋友伤嗟怨忿，令人难忍。前代萧何、曹参与高祖一同从微贱出身而共举事，创立功勋。而每当高祖处于危困窘迫之势时，两人依然恭敬祇顺，使为臣的道德更加显扬，所以这两人能够使福荫及于子孙。和侍中近来请求核实毛玠一案，我之所以不听，是我想对他从严参劾。

注释

1 和洽，汝南西平人，原任丞相府掾属，建安二十一年任侍中。毛玠，早年跟随曹操，是曹操的重要谋士之一，任丞相府东曹掾。与崔琰交善。崔琰死，有人向曹操报告说毛玠心怀不平，说他见到犯人妻没为官奴时借题讥刺说“使天不雨者盖此也”。曹操听后大怒，将毛玠下狱。毛玠不承认自己说过这话，要求对质。侍中和洽说毛玠一向可信赖，应核实案情。曹操不听，因下此令。但他口头对和洽又说了：“所以不考，欲两全玠及言事者耳。”后来释放了毛玠，将其免官。

2 **觖(jué)望:**怨怅不满。

3 **"昔萧、曹"句:**萧、曹都以县吏出身,刘邦出身亭长。

4 **屈笮:**困窘。

5 **参:**弹劾,监察官员检举官吏罪状。

赐夏侯惇伎乐名倡令[1]

建安二十二年(217)

原文

魏绛以和戎之功[2],犹受金石之乐[3],况将军乎!(《魏志·夏侯惇传》)

译文

以往魏绛由于和戎的功劳,还受到乐舞的奖赏,何况以将军的大功!

注释

1 夏侯惇,字元让,沛国谯人,曹操的亲信将领。封高安乡侯。建安二十二年,曹操征孙权取得胜利,回师时,留夏侯惇驻守居巢(今安徽六安市东北)。夏侯惇以所得赏赐全部散给众军,曹操赞赏,又赐伎乐(歌舞乐队)名倡(著名歌女舞女)。

2 **"魏绛"句:**春秋时晋国大夫魏绛,建议亲和北部少数民族,使晋国没有后顾之忧。晋悼公采纳其言,后得以称霸。为奖励魏绛,赐他歌舞乐队,对他说:"子教寡人和诸戎狄以正诸华,八年之中,九合诸侯,如乐之和,无所不谐,请与子乐之。"

3 **金石:**原意指钟磬一类乐器,这里泛指乐器。

举贤勿拘品行令[1]

建安二十二年（217）

原文

昔伊挚、傅说出于贱人[2]，管仲，桓公贼也[3]，皆用之以兴。萧何、曹参，县吏也；韩信、陈平负污辱之名[4]，有见笑之耻，卒能成就王业，声著千载。吴起贪将[5]，杀妻自信，散金求官，母死不归，然在魏，秦人不敢东向；在楚，则三晋不敢南谋[6]。今天下得无有至德之人放在民间，及果勇不顾，临敌力战；若文俗之吏[7]，高才异质，或堪为将守；负污辱之名，见笑之行，或不仁不孝，而有治国用兵之术：其各举所知，勿有所遗。（《魏志·武帝纪》注引《魏书》）

译文

当年，伊挚、傅说，都是从卑贱之人中选拔出来的，管仲原是齐桓公仇敌，君主重用他们，结果都使国家强盛。萧何、曹参，原不过是县吏，韩信、陈平也都曾有卑污的恶名，被人嘲笑的耻辱，最终却能够创就王业，名扬千载。吴起贪图大将的地位，杀戮妻子以求信于鲁君，又散尽家财求取官禄，连母亲去世都不回家。然而，吴起一旦在魏国为将，秦国人便不敢向东用兵于魏；一旦在楚国为相，三晋则不敢南下图谋于楚。当前天下是否还有才德至高的人流落民间，以及有果决勇毅、奋不顾身，能力战挫敌的人；或有文墨小吏而负高超之才，卓异之质，有的可以担任将军、郡守；或者有身负污名、被人耻笑甚至不仁不孝而有治国治军的才能、方略之人：特令众人各将自己所了解的人尽行推举，不得有所遗漏。

注释

1 这是曹操发布的第三道求贤令，重申前令勿拘品行之意，足见其重视。该令于建安二十二年八月发布。

2 **伊挚：**即伊尹，出身奴隶。 **傅说**(yuè)**：**商朝人，奴隶出身，商王武丁用为相。

3 **管仲：**管仲原为齐桓公兄公子纠部下，在齐桓公兄弟争位的斗争中，管仲曾险些射死桓公，故说他是"桓公贼"。 **贼：**仇人。

4 **"韩信"句：**韩信，西汉淮阴人。他是汉高祖的大将，在楚汉之争中统率大军击败项羽。但他年轻时曾受人胯下之辱。陈平，汉高祖重要谋臣，曾受"盗嫂受金"之诬。

5 **吴起：**战国时卫国人。鲁国国君想要任用他，但因他妻子是齐国人而有所疑虑，他便杀妻以博得信任。又曾立誓不做卿相便不还乡，因而母死不归。他年轻时，还为了求官，花光了千金家产。但他曾为魏、楚大将，使两国军力强盛，所在之国，他国不敢进犯。

6 **三晋：**韩、赵、魏原为晋国三家世卿，后分晋而自立，故称三晋。

7 **文俗之吏：**文墨小吏。

使辛毗曹休参治下辨令[1]

建安二十二年（217）

原文

昔高祖贪财好色[2]，而良、平匡其过失[3]，今佐治、文烈忧不轻矣。（《魏志·辛毗传》）

译文

当年高祖贪财好色，而张良、陈平（樊哙）劝谏，纠正他的过失。现在佐治、文烈，你们两人的责任着实不轻啊！

注释

1 辛毗,字佐治,颍川阳翟人。归曹后先为议郎,后任丞相长史。曹休,字文烈,曹操族侄,任骑都尉,曹操曾称赞他“此我千里驹也”。参治,参与治军。建安二十二年,曹操与刘备对敌,刘备军屯兵下辨(今甘肃成县西),曹操令曹洪迎敌。曹洪是曹操极其亲信的将领,但贪财好色,曹操派辛毗曹休去做参军。

2 **高祖:**汉高祖刘邦。史载刘邦“好酒及色”。

3 **良、平:**当作“良、哙”。《史记》载:刘邦入咸阳后,原打算入秦宫享乐,“樊哙、张良谏,乃封秦重宝财物府库,还军霸上”。张良,字子房,城父(今河南襄城西)人。刘邦最重要的谋士,他辅佐刘邦灭秦、灭楚,划策定计,立功最著,封为留侯。樊哙,沛县人,刘邦大将。跟从刘邦起兵,屡建战功,封舞阳侯。

曹植私出开司马门下令[1]

建安二十二年(217)

原文

始者谓子建,儿中最可定大事[2]。

自临淄侯植私出,开司马门至金门[3],令吾异目视此儿矣。(《魏志·陈思王植传》注引《魏武故事》)

译文

原本认为,子建是儿子们当中最有可能托付大事的。

自从临淄侯植私自乘车外出,开司马门驰至金门,使我不再以从前的眼光看待这个儿子了。

注释

1 建安二十二年曹操第三子曹植乘车驰于御街,开司马门出,严重触犯宫廷禁令。曹操大怒，依法处死公车令，并下此令。“由是重诸侯科禁，而植宠日衰”。下此令后，随即下《又下诸侯长史令》，不久再下《立太子令》，宣布立曹丕为太子。司马门，王宫的外门，墙内由司马官守卫，故名。

2 **定大事：**曹植原最受曹操宠爱，曹操有意立为太子。

3 **金门：**王宫宫墙的门，门外立有金马，称金门。

又下诸侯长史令[1]

建安二十二年（217）

原文

诸侯长史及帐下吏，知吾出，辄将诸侯行意否[2]？从子建私开司马门来，吾都不复信诸侯也。恐吾适出，便复私出，故摄将行[3]，不可恒使吾以谁为心腹也！（《魏志·陈思王植传》注引《魏武故事》）

译文

各诸侯长史与军中将吏，你们是否明白孤一旦出行，每常带领各诸侯同行的用意呢？自从子建私开司马门这事以来，我一概不再相信诸侯了。担心每当我一外出，他们便私自乱跑，所以拘管着他们和我同行。不能总是让我四处寻求到底谁是我的心腹啊！

注释

1 曹操下此令给诸侯长史，要让他们知道曹操对曹植事的教训的重视及对诸子加强管束的意图，令他们谨慎戒惧。诸侯，特指曹操的几个封侯的儿子。长史，即诸侯府的总管。

2 **将：**带领。

3 **摄：**拘束，管束。

立太子令

建安二十二年（217）

原文

告子文[1]:汝等悉为侯,而子桓独不封[2],而为五官中郎将。此是太子可知矣。(《御览》卷二四一引《魏武令》)

译文

告知子文:你们几人都封诸侯,而唯独子桓一人不封,只任五官中郎将。他是太子的人选已可想而知了。

注释

1 **子文:**曹操第二子曹彰的字。建安二十一年封鄢陵侯。

2 **子桓:**曹操长子曹丕字。任五官中郎将,立为太子。曹操死,曹丕代汉称帝,即魏文帝。

百辟刀令[1]

建安十六年至二十二年（211—217）

原文

往岁作百辟刀五枚,适成,先以一与五官将[2],其余

译文

早几年制作百辟刀,现在刚好造成,共五把,先将一把给五官中郎将。其

四，吾诸子中有不好武而好文学，将以次与之。(《艺文类聚》卷六〇，《御览》卷三四五)

余四把，如我的几个儿子当中有不好习武而偏爱文学的，将一一给予他们。

注释

1 **百辟刀：**曹操为自己所制宝刀的命名，取“百炼成器，以辟不祥”的意思。辟，即祛除不祥。

2 **五官将：**即五官中郎将曹丕。

敕王必领长史令[1]

建安十八年至二十二年（213—217）

原文

领长史王必，是吾披荆棘时吏也[2]。忠能勤事，心如铁石，国之良吏也。蹉跌久未辟之[3]，舍骐骥而弗乘[4]，焉惶惶而更求哉？故教辟之，已署所宜[5]，便以领长史统事如故。(《魏志·武帝纪》注引《魏武故事》)

译文

任长史王必，是我当年披荆斩棘初创基业时的属吏。忠诚有能，勤于职事，心如铁石一般坚固，乃是国家的优秀官吏。他蹉跎颠仆为时已久，未得起用，舍弃宝马良驹而不骑乘，又惶惶然去哪里另求呢？因此现特下令聘用王必，已安置他以适合的职务，就让他仍旧领长史掌管相应事务。

注释

1 王必，曹操部下吏，先任主簿，曹操为魏公后，任丞相府长史，留守许昌。建安二十三年，王必战死，此令当发布于建安二十三年以前。从此令内容看，当时可能是复职。

2 **披荆棘时**：喻艰苦创业之初。

3 **辟**：汉代中央最高行政长官（三公）和地方长官（州牧、郡守）可自行征聘僚属，称为“辟”。

4 **骐骥**：好马，比喻良才。

5 **署**：部署，安置。

诸儿令[1]

建安二十年至二十二年（215—217）

原文

今寿春、汉中、长安，先欲使一儿各往督领之，欲择慈孝不违吾令，亦未知用谁也。儿虽小时见爱，而长大能善[2]，必用之。吾非有二言也，不但不私臣吏，儿子亦不欲有所私。（《御览》卷四二九）

译文

目前寿春、汉中、长安这三处地方，预备先各派一个儿子分别镇守统率。我想挑选仁慈孝敬又能遵从我命令的，也不知用谁好。儿子们虽然小时候都是我所宠爱的，但长大后要具备良才美德，才必定重用他。我说话绝不会朝三暮四自食其言的，不但对部下臣吏们不存偏私，就是对自己儿子们也不愿意有所偏爱。

注释

1 寿春（今安徽寿县）面临孙权，汉中（今陕西省西南部）面当刘备，长安为西汉故都，均是军事重镇，曹操派自己的儿子去镇守。汉中在建安二十年至二十五年间属魏，此令的发布当在这一时间内。

2 **能善**：既有才能，品行又好。

赡给灾民令[1]

建安二十三年（218）

原文

去冬天降疫疠，民有凋伤，军兴于外，垦田损少，吾甚忧之。其令吏民男女：女年七十已上无夫子，若年十二已下无父母兄弟，及目无所见、手不能作、足不能行，而无妻子父兄产业者，廪食终身[2]。幼者至十二止。贫穷不能自赡者，随口给贷[3]。老耄须待养者[4]，年九十以上，复不事[5]，家一人。（《魏志·武帝纪》注引《魏书》）

译文

去年冬天上天惨降疫病，百姓多有丧亡。军队外出作战，因而开垦田地也少了。对此我十分忧虑。特令官吏百姓男女人等：女子七十岁以上没有丈夫儿子、或十二岁以下没有父母兄弟，以及眼不能视物，手不能劳作，脚不能行走，而又无妻室子女父兄和产业的，终身由政府发放口粮赡养。年幼者供给至十二岁为止。由于贫穷不能维持自身生活的，按人口贷给口粮。家有老人需要赡养的，每家可免除一人的徭役。

注释

1 建安二十二年冬，曹操所统治地区发生严重疫病，死亡甚多。曹操下令救济灾民。赡，供给。

2 **廪食：**由官府供给口粮。

3 **随口给贷：**按人口贷给粮食。

4 **老耄：**耄，八十岁。此泛指老人。

5 **复不事:**指免服劳役。

终　令[1]

建安二十三年（218）

原文

古之葬者，必居瘠薄之地。其规西门豹祠西原上为寿陵[2]，因高为基，不封不树[3]。《周礼》冢人掌公墓之地[4]，凡诸侯居左右以前，卿大夫居后，汉制亦谓之陪陵[5]。其公卿大臣列将有功者[6]，宜陪寿陵，其广为兆域[7]，使足相容。（《魏志·武帝纪》）

译文

古代墓葬，必定置于贫瘠硗薄的土地上。特令规划于西门豹祠西侧高地建造寿陵，以高地自身作为圹基，既不壅土堆高，也不要栽植树木。按《周礼》，由冢人掌管国家公墓之地，所有诸侯墓葬，居于皇帝陵左右靠前的地位，卿大夫葬于皇陵之后。汉朝制度也称为"陪陵"。特令，凡朝中公卿大臣和诸位将领有功的，死后应陪葬于寿陵。要拓宽墓地领域，使它足以容纳陪陵诸墓。

注释

1 本篇是曹操关于自己墓葬安排的令。

2 **"其规"句:**西门豹，战国时魏人，无神论者。做邺令时，曾革除河伯取妇的恶习，兴修水利，发展生产。受人尊敬，死后为之立祠。规，规划。原，广而平的高地。寿陵，帝王生前为自己预先营造的墓地。

3 **封:**堆土。

4 **《周礼》:**叙述周王室官制制度的儒家经典，约为战国时著作。 **冢人:**周代掌墓葬的官。

5 **陪陵：**古代将功臣葬于皇陵之近旁，称陪陵。

6 **公卿：**泛指朝中高级官员。

7 **兆域：**墓地的范围领域。

假徐晃节令[1]

建安二十三年（218）

原文

此阁道[2]，汉中之险要咽喉也[3]。刘备欲断绝外内以取汉中[4]，将军一举克夺贼计，善之善者也。（《魏志·徐晃传》）

译文

这条阁道，是汉中险要的咽喉所在。刘备企图占据此险，断绝我内外联系，以夺取汉中。将军一举粉碎贼寇的奸谋，真是绝妙之极！

注释

1 建安二十三年，刘备出兵争夺汉中，攻阳平关（今陕西宁强县境内），派陈式领兵断马鸣阁栈道。阳平守将徐晃别领一军击败陈式，守住栈道险要。曹操大喜，传令嘉奖。这里赐假节主要是一种荣誉。徐晃，字公明，河东杨县（今山西洪洞东南）人，曹操的五良将之一。

2 **阁道：**即马鸣阁栈道，在今四川广元昭化区。在悬崖峭壁间支立木架，铺上木板以成道路。

3 **汉中：**东汉郡名，治所在南郑（今陕西汉中境内）。

4 **刘备：**三国时曹魏的主要敌人之一。字玄德，涿县（在今河北）人。西汉中山王后裔。东汉末，参加镇压黄巾起义，后为徐州牧。用诸葛亮战略联吴抗曹，赤壁之战后，占据荆州，定巴蜀汉中。后在成都称帝，国号蜀。

在阳平将还师令[1]

建安二十四年（219）

原文

鸡肋[2]。(《魏志·武帝纪》注引《九州春秋》)

译文

鸡的肋骨。

注释

1 建安二十四年正月，刘备击败并斩杀夏侯渊，占据阳平关。三月，曹操亲率军攻刘备。刘备据险固守，久攻不下。据《魏志·武帝纪》注引《九州春秋》："时王(曹操)欲还，出令曰'鸡肋'，官属不知所谓。主簿杨修便自严装。人惊问修：'何以知之？'修曰：'夫鸡肋，弃之如可惜，食之无所得，以比汉中，知王欲还也。'"五月间，曹操领军回长安。阳平，关名，在今陕西勉县西，是汉中与巴蜀间的咽喉要地。

2 **鸡肋**：鸡的肋骨。用以比喻无多大意味，但又不忍舍弃的东西。

选留府长史令[1]

建安二十四年（219）

原文

释骐骥而不乘，焉皇皇

译文

舍弃千里之驹而不骑乘，却又茫然

而更索！（《魏志·杜袭传》）

到哪里去另外寻求呢？

注释

1 留府长史，即丞相府留守处的长官。曹操退出汉中时，选派留守人员。《水经注·沔水》“东过南郑县南”条注：“地沃川险，魏武方之‘鸡肋’，曰：‘释骐骥而不乘，焉皇皇而更求？’遂留杜子绪镇南郑而还。”杜袭，字子绪，颍川人，追随曹操二十多年，任丞相军祭酒、丞相府长史。

策立卞后[1]

建安二十四年（219）

原文

夫人卞氏，抚养诸子，有母仪之德[2]。今进位王后，太子诸侯陪位群卿上寿[3]，减国内死罪一等[4]。（《魏志·卞皇后传》）

译文

夫人卞氏，抚育子女，为母之德堪作表率。今特进位为王后。太子、诸侯弟兄及陪同众官前往恭贺，国内犯死罪者减罪一等。

注释

1 **卞后**：琅邪开阳（今山东临沂北）人。本倡家女（歌伎），二十岁时为曹操所纳，建安初丁氏被废，立卞氏为继室。卞氏为曹丕生母，曹丕既立为太子，建安二十四年秋七月，曹操立卞氏为王后。

2 **仪**：表率，榜样。

3 **陪位**：在侧陪伴。

4 **“减国内”句**：国内判死刑者减刑一等。这是古代帝王在国家有重大喜庆时表祈祝祯祥的一种方式。

命徐晃待军齐集令[1]

建安二十四年（219）

原文

须兵马集至，乃俱前。（《魏志·徐晃传》）

译文

必须等到兵马全部到齐，然后一同进军。

注释

1 建安二十四年，关羽围襄阳、樊城。曹操派徐晃救援。徐晃所率军多为新兵，因而曹操再派徐商、吕建率军增援。并下此令，命徐晃待兵马调齐再行动。

劳徐晃令[1]

建安二十四年（219）

原文

贼围堑鹿角十重[2]，将军致战全胜，遂陷贼围[3]，多斩首虏。吾用兵三十余年，及所闻古之

译文

贼寇在围堑内外设鹿角十重，将军却一战而获全胜，突破敌人营垒，斩首俘获敌兵众多。我用兵积三十余年，以及所见闻的古来善于用兵的人，从没有过像将军

善用兵者，未有长驱径入敌围者也。且樊、襄阳之在围，过于莒、即墨[4]，将军之功，逾孙武、穰苴[5]。（《魏志·徐晃传》）

这样长驱深入敌军重围而能致于全胜的。况且樊、襄阳被围的情势之危困，比古时的莒、即墨之围实有过之，将军的功劳，真在古代名将孙武、穰苴之上。

注释

1 徐晃救襄、樊，曹操又派十二营赴援。徐晃得大军，全力猛攻。关羽退入营垒，营中设十重鹿角。徐晃果断地乘胜冲入敌围，获大胜，襄、樊之围得解。同时东吴又乘机袭取了荆州，关羽败亡，吴蜀联盟破裂。这次战役奠定了三国后期的形势，曹操下令高度赞扬了徐晃之功。劳，慰劳。

2 **围堑：**营垒周围用以防御的壕沟。

3 **陷：**攻破。

4 **莒**(jǔ)**、即墨：**莒，今山东莒县。即墨，今山东省平度市东南。均为春秋时齐国城邑，燕国乐毅攻齐，下七十余城，但唯有齐将田单所守的莒与即墨两城未陷。后田单据以破燕。

5 **孙武：**我国古代著名军事家，吴国名将。先后击败楚、齐、晋等国，使吴国称霸。著有《孙子兵法》十三篇。 **穰苴：**春秋时齐国名将，古代著名军事家。先后击败燕、晋军。本姓田，由于任大司马，又称司马穰苴。

以徐奕为中尉令[1]

建安二十四年（219）

原文

昔楚有子玉[2]，文公为之侧席而坐[3]；汲黯在朝[4]，淮南为之折谋。《诗》称“邦之司直”[5]，君之谓与！（《魏志·徐奕传》）

译文

从前子玉在楚国为将，晋文公便胆怯忧虑，坐不安席；汲黯在朝为臣，而淮南王便惊恐戒惧，谋反不成。《诗经》所称扬的“邦之司直”，也就是指您这样的人吧！

注释

1 建安二十四年，当曹操西征时，邺都发生了魏讽的叛乱。事后，负责都城治安的中尉降职。曹操深感这一职务人选的重要。桓阶推荐了徐奕。曹操任奕为中尉，下了此令。徐奕，字季才，魏国建国后，任尚书令，为人刚直威严。

2 **子玉**：春秋时楚将成得臣，字子玉。他是晋国的劲敌。公元前 632 年，他与晋文公战于城濮，兵败。晋文公虽获胜，仍为楚国的威胁感到忧虑。直到他听到子玉因兵败而自杀的消息，才高兴地说“莫余毒也已”，即再也没有人能损害我了。

3 **侧席**：不正坐，惶恐不安的表现。

4 **汲黯**：汉武帝大臣。为人刚烈正直、不畏权贵。淮南王刘安阴谋叛乱，但因畏惧汲黯而不敢举事，密谋一再受挫。

5 **邦之司直**：出自《诗经 · 羔裘》。指在国内主管检举事宜的人。

原刘廙令[1]

建安二十四年（219）

原文

叔向不坐弟虎[2]，古之制也。特原不问。（《魏志·刘廙传》）

译文

叔向不因弟弟叔虎犯罪而连坐受刑，古代制度本如此。特赦免刘廙，不予追究。

注释

1 建安二十四年魏讽的叛乱，刘廙的弟弟刘伟也参与了。按当时法律，因弟弟犯罪刘廙也要“连坐”处死。但刘廙一向鄙薄魏讽，曾劝刘伟不要与魏讽往来。曹操下令免予“连坐”治罪。原，原谅，赦免。

2 **叔向不坐弟虎：**春秋时，晋国下卿栾盈的母亲与家臣私通，被栾盈发觉了。栾母为晋卿范宣子之女，为掩盖自己的丑行，她便向范宣子反诬栾盈要危害范氏家族。范宣子将栾盈赶出晋国，并杀其同党叔虎。叔虎的哥哥叔向也被囚禁。大夫祁奚说服范宣子赦免了叔向。坐，治罪。古代对犯罪者的亲属也要治罪，称为“连坐”。

与太尉杨彪书[1]

建安二十四年（219）

原文

操白：与足下同海内大义，足下不遗[2]，以贤子见辅。比中国虽靖，方外未夷[3]，今军征事大，百姓骚扰。吾制钟鼓之音[4]，主簿宜守[5]。而足下贤子，恃豪父之势，每不与吾同怀[6]，即欲直绳[7]，顾颇恨恨。谓其能改，遂转宽舒，复即宥贷，将延足下尊门大累，便令刑之。念卿父息之情[8]，同此悼楚，亦未必非幸也。今赠足下锦裘二领，八节银角桃杖一枚[9]，青毡床褥三具，官绢五百匹，钱六十万，画轮四望通幰七香车一乘[10]，青牸牛二头，八百里骅骝马一匹[11]，赤戎金装鞍辔十

译文

操启：与您共同倡举大义，敬奉汉室，蒙您不弃曹操，让您贤能的儿子辅助于我。近来中原虽已平抚安定，境外却尚未宁静。目前战扰征伐，连年举兵，百姓困扰不安。我统辖军事，制定条律，身为主簿，理应遵守。而您的儿子倚仗父亲的名望权势，常常不与我同心相契。我有心为他矫正恶习，但他心中却颇怀怨忿。我原指望他能自改过，暂不处分，不想他因此更加放纵。倘使再加宽宥，将牵连您一家遭受莫大之祸，便断然下令，将他处决。念记您与他的父子之情，我同您一样也感悲痛悼惜，但此事或者未必不是一件幸运之事吧。现特赠您织锦裘衣二件，银角八节桃竹杖一根，青毡床褥三套，官绢五百匹，钱六十万，彩画轮四望纯色窗帷七香车一辆，青色母牛二头，日行八百里良马一匹，红绒金装鞍

副[12]，铃眊一具[13]，驱使二人。并遗足下贵室错彩罗縠裘一领[14]，织成靴一量[15]，有心青衣二人[16]，长奉左右。所奉虽薄[17]，以表吾意。足下便当慨然承纳，不致往返[18]。

辔十副，铃眊一具，差役二人。并赠尊夫人错彩罗縠裘皮衣一件，织成的靴子一双，细心的侍女二人，长期侍奉夫人左右。所奉赠的礼品十分微薄，只不过用以表达我的心意。您即应当直爽地接受，不致枉劳执事人员往返。

注释

1 **杨彪：**字文先，华阴人。杨氏至杨彪，四代为太尉，极有声望。杨彪即杨修之父，建安二十四年，曹操杀杨修，事后写信给杨彪，并送若干礼物，表示慰问。

2 **遗：**遗弃。

3 **方外：**边境以外。

4 **钟鼓之音：**古代军中以击鼓鸣钟为行动号令，此借指军令制度。

5 **主簿：**负责文书簿籍、掌管印鉴的官员。杨修死前任丞相府主簿。

6 **同怀：**同心，一心。

7 **直绳：**木工以绳墨取直木料，借喻以法纪纠正人的过失。

8 **父息：**父子。

9 **八节银角桃杖：**以银镶角的八节桃竹杖。

10 **四望：**四面有窗可向外望。 **通幰：**一色的窗帷。 **七香车：**由各种香木制成的车。

11 **骅骝：**良马名。通指良马。

12 **赤戎金装鞍辔：**以红绒和金属装饰的鞍辔。

13 **铃眊：**眊，用羽毛结成的装饰物。缀有铃的眊称铃眊。

14 **贵室：**对他人妻子的尊称。 **错彩：**错杂地缀有各色绸子。 **縠：**有皱纹的纱。

15 **一量：**一双。

16 **有心青衣：**细心的侍女。

17 **所奉：**指送上的礼物。

18 **往返：**指推辞礼物，使执事人往返。

赐袁涣家谷教[1]

建安二十一年至二十四年（216—219）

原文

一、以太仓谷千斛[2]，赐郎中令之家[3]。

二、以垣下谷千斛[4]，与曜卿家。

三、以太仓谷者，官法也；以垣下谷者，亲旧也。

（《魏志·袁涣传》）

译文

一、以太仓中粮谷一千斛，赐给郎中令家属。

二、以垣下仓中粮谷一千斛，赠给袁曜卿的家属。

三、以国家仓廪中的粮食来赏赐，是依照国家法令；以垣下私仓中的粮食来赠予，是念记朋友故旧的感情。

注释

1 袁涣，字曜卿，东汉陈郡扶乐（今河南太康县西北）人。曾任丞相军祭酒，魏国郎中令，行御史大夫。袁涣对屯田有很大贡献，为官清正，死后无积蓄，家室清贫。曹操下了两道令，赒济抚恤他的家属。有人询问何故下两道令，曹操再下第三道令作为说明。以国家名义赒济，称其官职，以亲旧名义赠送，称其姓字，曹操用心在此。

2 **太仓**：京城中储粮的仓。 **斛**：古代量器。

3 **郎中令**：掌管宫殿门户，统属诸郎官。此指袁涣。

4 **垣下**：指仓垣城，在开封市祥符区西北，城中有曹操私人粮仓。

题识送终衣奁[1]

建安二十五年（220）

原文

有不讳[2]，随时以敛[3]。金珥珠玉铜铁之物[4]，一不得送。（《通典》卷七九）

译文

倘或去世，随时入殓。金玉珠宝铜铁一类物件，一概不要用来陪葬。

注释

1 曹操生前预制了送终的四季衣服，盛于四个衣奁内，注明春夏秋冬，并写了这几句话作为遗嘱。奁，箱子。

2 **有：**倘或。 **不讳：**死的婉词。意为人死不可免，不必有所忌讳。

3 **敛：**通"殓"，把死者尸体装入棺材。

4 **珥：**古代入殓时往往把珠玉塞在死者的口、耳、鼻中，珥指塞在耳里的玉。

遗　令[1]

建安二十五年（220）

原文

吾夜半觉小不佳，至明

译文

我半夜感觉到稍有些不舒服，到天

日饮粥汗出，服当归汤。

吾在军中持法是也。至于小忿怒，大过失，不当效也；天下尚未安定，未得遵古也[2]；吾有头病，自先着帻[3]；吾死之后，持大服如存时[4]，勿遗[5]；百官当临殿中者[6]，十五举音[7]，葬毕便除服[8]；其将兵屯戍者[9]，皆不得离屯部；有司各率乃职；敛以时服[10]，葬于邺之西冈上，与西门豹祠相近，无藏金玉珍宝。

明喝粥发了些汗，并服了当归汤。

我在军中执法严厉是对的，至于有时以小愤怒而招致大的过失，不应当学；目前天下还没有安定，丧礼不可遵循古代制度；我有头痛病，因而很早就戴上了头巾；我死后，穿的礼服要像生前一样，不要忘了；文武百官应到殿中哭吊的，依孝文皇帝制度，哭十五声，安葬后，立即除服；有领兵屯扎驻守的将领，一律不得擅离驻守地；各部官吏照常各行其职；入殓时按当时季节所穿的衣服装殓，葬在邺城西面的山冈上，靠近西门豹祠，不要用金玉珍宝陪葬。

注释

1 本篇是曹操临终前留下的遗嘱，散见于各种古籍中，辑录可能不全备。

2 **遵古**：指遵守古代丧葬礼，如以珠宝陪葬等。

3 **着帻**：戴头巾。

4 **持大服**：穿礼服。

5 **勿遗**：不要忘记。

6 **临**：哭吊死者。

7 **十五举音**：《史记·孝文本纪》载：西汉文帝死前规定：吊丧官员，于早晚各哭十五声，他时不能擅哭。

8 **除服**：脱去丧服。

9 **屯戍**：部队驻扎守御。

10 **时服**：按当时季节所穿的衣服。

原文

吾婢妾与伎人皆勤苦[1]，使着铜雀台[2]，善待之。于台堂上安六尺床，施繐帐[3]，朝晡上脯糒之属[4]，月旦十五日[5]，自朝至午，辄向帐中作伎乐。汝等时时登铜雀台，望吾西陵墓田。余香可分与诸夫人，不命祭。诸舍中无所为，可学作组履卖也[6]。吾历官所得绶，皆着藏中[7]，吾余衣裘，可别为一藏，不能者，兄弟可共分之。（《魏志·武帝纪》）

译文

我的婢妾和伎乐歌舞艺人都非常勤苦，我死后让她们住在铜雀台上，要好好待她们。在铜雀台的正堂安一张六尺长的床，挂上灵帐，早晚供干肉干粮一类。每月初一和十五两天，从早晨至正午，就对着灵帐中奏乐歌舞。你们要常常登上铜雀台，看望我的西陵墓田。我留下的熏香可分给各位夫人，不要用来祭祀我。各妻妾无所事事，可以学着编织丝带、制鞋子去卖。我平生历次为官所得的绶带，都收入库中。我留下的衣服、皮裘，可另收入一库，如不愿照办，你们兄弟就一起分掉。

注释

1 **伎人：**乐人与歌舞艺人。

2 **着：**安置，安放。这里指居住。 **铜雀台：**建安十五年冬，曹操在邺城筑铜雀台，为其晚年娱乐之所。故址在今河北省临漳县西南古邺城的西北隅。

3 **繐帐：**灵幔。繐，细而稀疏的麻布，多用作丧服。

4 **朝晡：**早上和下午。 **脯：**干肉。 **糒：**干粮。

5 **月旦：**每月的初一日。

6 **组履：**组，丝带。履，鞋。

7 **藏中：**库中。

内诫令[1]

原文

上设青布帐，教撤去，以为大人自可施帐，当令君臣上下悉共见。（《书钞》卷一三二）

孤不好鲜饰严具[2]，所用杂新皮韦笥[3]，以黄韦缘中[4]。遇乱世无韦笥，乃更作方竹严具，以皂韦衣之[5]，粗布作里，此孤之平常所用也。（《书钞》卷一三六）

译文

上面设置青布帐，教人撤掉，认为大人固然可以设帐子，但应该使君臣上下都能看见。

孤不喜欢用装饰华丽的妆具，所用的是掺杂着新皮做成的妆具，中间镶黄皮。遇到战乱没有妆具，就另做方形竹制妆具，用黑皮蒙在外面，粗布作里，孤平时所用的就是这一种。

注释

1 《内诫令》几段文字，主题大体是倡节俭。《魏志·武帝纪》注引《魏书》，说曹操“雅性节俭，不好华丽，……帷帐屏风，坏则补纳，茵蓐取温，无有缘饰”。

2 **鲜饰**：装饰华丽的。 **严具**：即“妆具”，盛梳妆用品的器具。避汉明帝刘庄讳改。

3 **韦笥**：皮箱。这里指妆具。

4 **缘中**：镶拼在中间。

5 **皂韦**：黑皮。 **衣**：罩在外面。

原文

百炼利器[1]，以辟不祥，摄服奸宄者也。（《御览》卷三四五）

吾衣被皆十岁也，岁岁解浣补纳之耳。（《御览》卷八一九）

今贵人位为贵人[2]，金印蓝绂[3]，女人爵位之极。（《御览》卷六九一）

吏民多制文绣之服，履丝不得过绛、紫、金黄丝织履[4]。前于江陵得杂彩丝履[5]，以与家，约当着尽此履，不得效作也。（《御览》卷六九七）

译文

千锤百炼的锋利兵器，是用以驱除凶邪，震慑奸恶的。

我的衣服被褥都已用过十来年了，年年拆洗缝补一下罢了。

现今几个女儿都已宠居贵人的地位，金印章蓝绶带，一个女人的爵位如此，已到极端了。

官吏、百姓多有人制作彩色花绣的衣服，规定：丝织鞋不得用朱红、紫、金黄等颜色。以前在江陵我得到各种颜色的丝鞋，给了家人，约定他们把这些鞋子全部穿完，不得再仿制。

注释

1 **利器：**指兵器。

2 **今贵人位为贵人：**贵人，嫔妃的称号，东汉时贵人的地位仅在皇后之下。建安十八年，献帝聘曹操的三个女儿为贵人。这句中前一个"贵人"，即曹操自指其女儿。

3 **绂：**绶带。

4 **绛：**朱红。汉以朱红、紫、金黄色为贵，故吏民不得用。

5 **江陵：**今湖北江陵县。

原文

孤有逆气病[1]，常储水卧头。以铜器盛，臭恶。前以银作小方器，人不解，谓孤喜

译文

孤有逆气病，常常要盛水浸头。盛水用铜器，水容易发臭。所以以前用银制成小方形器，用来浸头。人们

银物，令以木作。(《御览》卷七五六)

不了解其中缘故，以为孤喜欢银制的东西，于是下令用木制作。

昔天下初定，吾便禁家内不得香熏[2]。后诸女配国家为其香[3]，因此得烧香。吾不好烧香，恨不遂所禁。今复禁不得烧香，其以香藏衣着身亦不得。(《御览》卷九八一)

当年天下刚刚平定，我就约禁家人不准熏香。后来几个女儿许配国家而为其熏香，因此才得以熏香。我不喜欢烧香，可惜我的禁令不得实行。如今再次下令禁止，不准熏香，把香藏在衣内带在身上也不允许。

房室不洁，听得烧枫胶及蕙草[4]。(《御览》卷九八三)

房间里不清洁的话，允许熏烧枫胶和蕙草。

注释

1 **逆气病：**病状气上冲、面红头痛。这时须用水浸头，减轻症状。

2 **香熏：**即熏香，燃香于熏笼中，以熏衣被。

3 **诸女配国家：**指曹操女儿为献帝贵人。

4 **枫胶：**枫树脂，有香味，可做香料。 **蕙草：**香草名。又名熏草、零陵香。

礼让令[1]

原文

里谚曰："让礼一寸，得礼一尺。"斯合经之要矣[2]。(《御览》卷四二四)

译文

里俗谣谚道："让人礼一寸，得人礼一尺。"这合乎经典的要旨。

辞爵逃禄，不以利累名，不以位亏德之谓让。（《艺文类聚》卷二一引《魏武帝杂事》）

辞让爵位、逃避俸禄，不因贪图俗利而玷污自己的声名，不因希图权位而有损自己的德操，称为让。

注释

1 **礼**：这里特指礼敬，礼貌。 **让**：谦让。

2 **要**：要旨。

清时令[1]

原文

今清时，但当尽忠于国，效力王事，虽私结好于他人，用千匹绢、万石谷，犹无所益。

译文

当今正处在政治清明的年代，只应当为国家竭尽忠诚，为朝廷出谋效力。倘若私下钻营，结交权势，即使用尽千匹绢、万石谷，也仍然不会有什么益处。

注释

1 **清时**：政治清明的年代。

褒赏令

原文

别部司马请立齐桓公神堂[1],使记室阮瑀议之[2]。(《书钞》卷六九)

译文

别部司马请求立齐桓公神堂,令记室阮瑀讨论此事。

注释

1 **别部司马:**当时军制,一营分五部,五部以外称别部。司马,军中司法官。**齐桓公:**春秋五霸之首,姜姓,名小白。用贤相管仲,改革政治,富国强兵。齐桓公以"尊王攘夷"为政治号召,与曹操的政治策略略似。

2 **记室阮瑀:**记室,三公府内司文书的官。阮瑀,字元瑜,尉氏(今属河南开封)人,文学家,建安七子之一。曾任曹操记室令史。

选举令[1]

原文

夫遣人使于四方[2],古人所慎择也。故仲尼曰:"使乎,使乎![3]"言其难也。(《初学记》卷二〇)

译文

派遣官员去四方出使,古人挑选使者是十分慎重的。故而孔子称赞出色的使者说:"这才是(真正的)使者啊!这才是使者啊!"就是感叹挑选良使之难。

原文	译文
邺县甚大[4],一乡万数千户,兼人之吏[5],未易得也。(《书钞》卷七七)	邺县很大,一个乡就有一万数千户,要想选出能力超群的人来管理,不是容易得到的。
闻小吏或有着巾帻。(《书钞》卷七七)	听说小吏也有戴头巾的。

注释

1 本篇自各种类书中撮录辑成。第一段内容是有关选举的,故名之《选举令》。以下各段或言制度,或言用人。

2 **使于四方:**语出《论语·子路》:"使于四方,不能专对,虽多,亦奚以为?"四方,其他国家。

3 **使乎使乎:**语出《论语·宪问》:"蘧伯玉使人于孔子。孔子与之坐而问焉,曰:'夫子何为?'对曰:'夫子欲寡其过而未能也。'使者出,子曰:'使乎!使乎!'"是孔子对使者的赞叹。

4 **邺县:**曹操国的都城,今河北临漳县西南。

5 **兼人:**一人能兼两人或多人的能力。

原文	译文
魏诸官印,各以官为名,印如汉法,断二千石者章[1]。	魏国诸官的印,印文都是刻上官职名,署印还是沿用汉法,俸二千石以上的称章。
国家旧法,选尚书郎[2],取年未五十者,使文笔真草[3],有才能谨慎,典曹治事,起草立义,又以草呈示令、仆讫[4],乃付令史书之耳[5]。书讫,共省读内之。事本来台郎统之[6],令史	国家的传统规章,选尚书郎,年龄在五十以下,要擅长韵文、散文,能写楷书、草书,才能出色,处事谨慎,能掌管一部,署理事务。起草文书,确立要义,将草稿呈交尚书令、尚书仆射审阅之后,才交给令史誊录。写好以后,大家共同阅读检查一遍,再上呈。此事本来该由尚书郎统办,

不行知也。书之不好，令史坐之；至于谬误，读省者之责。若郎不能为文书，当御令史[7]，是为牵牛不可以服箱[8]，而当取辩于茧角也[9]。(《御览》卷二一五)

令史既不参与也不过问。如果抄录不善，治令史罪；至于发生错谬，则是起草审查人共同的责任。假如尚书郎没有起草文书的能力，那么势必交给令史办，那就像牵牛星徒有其名，却不能拉车，而说应当让刚长出角的小牛来代劳一样。

注释

1 **“印如汉法”二句：**汉制，俸禄二千石以上的官，官印印文作“某官之章”；二千石以下，作“某官之印”。断，划分界限。

2 **尚书郎：**尚书令部下属官，处理政务，草拟文字。

3 **文笔真草：**汉魏时“文”指韵文，“笔”指散文。真，楷书。草，草书。

4 **令：**指尚书令，东汉行政总机构尚书台长官。**仆：**尚书仆射，尚书令之副。

5 **令史：**指尚书令史，尚书郎以下掌文书官员。

6 **台郎：**即尚书郎。

7 **御：**使用。

8 **牵牛不可以服箱：**出于《诗经·大东》：“睆彼牵牛，不以服箱。”牵牛星虽名为“牛”，但不能用来拉车。喻名实不副。此指如尚书郎不能起草文书，则有其名无其用。

9 **茧角：**角像茧壳那么大的小牛。此指尚书郎委令史起草文书，力小不任。**取辩：**即取办，指办理。“辩”通“办”。

原文

今诏书省司隶官[1]，钟校尉材智决洞[2]，通敏先觉，可上请参军事，以辅暗政[3]。(《御览》卷二四九引《魏武选令》)

谚曰：“失晨之鸡[4]，思补

译文

现在朝廷诏令裁撤司隶官。原司隶校尉钟繇，弘才大智，决断明察，通达敏锐，遇事先觉，可以奏请天子，让他参理军事，以辅助孤家执政。

俗谚说：“误了报晓的雄鸡，还想

更鸣。”昔季阐在白马[5]，有受金取婢之罪，弃而弗问，后以为济北相，以其能故。(《御览》卷四九六引《魏武选令》)

着补叫一声。”过去季阐在白马为官，有过收受贿赂、夺人婢女的罪过，当时搁下此事没有追究，后来还任他做济北相，那是因为他很有能力。

注释

1 **省司隶官**：省，裁撤；司隶官，即司隶校尉。

2 **钟校尉**：原司隶校尉钟繇。 **决洞**：决断明察。

3 **暗政**：对自己处理政事的谦词。

4 **失晨**：误了报晓。

5 **季阐在白马**：白马，白马县，在今河南滑县东。季阐为白马地方官。

与诸葛亮书[1]

原文

今奉鸡舌香五斤[2]，以表微意。(《诸葛亮集》注引《御览》)

译文

今谨奉赠鸡舌香五斤，以表我的微薄之意。

注释

1 赤壁之战后，曹操曾想拉拢孙权，写信给他。给诸葛亮写这封信，或许用意相同。

2 **鸡舌香**：即丁香，能治口臭。按汉制，尚书郎向皇帝回答问题，口里要含鸡舌香。

鼓吹令

原文

孤所以能常以少兵敌众者，常念增战士，忽余事[1]。是以往者有鼓吹而使步行[2]，为战士爱马也；不乐多署吏[3]，为战士爱粮也。(《御览》卷五六七)

译文

孤之所以能常常以少数兵士战胜多数之敌，是因为经常念记着如何增强战士的力量士气，而不去考虑与此无关的其他事。因此以往军中有军乐队而让他们步行，这是为战士爱惜战马；不愿多设军中文吏，是为战士爱惜粮食。

注释

1 **增战士：**使战士增强力量，增强战斗力。

2 **鼓吹：**这里专指军乐队。

3 **署吏：**这里专指军中文职，不愿多署吏，以减少非战斗人员，不多占战士口粮。

戒饮山水令

原文

凡山水甚强寒，饮之皆令人痢[1]。(《御览》卷七四三)

译文

凡山中的水都十分寒冽，喝了会使人腹泻。

注释

1 **痢:**此指腹泻。

军策令[1]

原文

孤先在襄邑[2],有起兵意[3]。与工师共作卑手刀[4]。时北海孙宾硕来候孤[5],讥孤曰:“当慕其大者,乃与工师共作刀耶?”孤答曰:“能小复能大,何苦!”(《御览》卷三四六)

袁本初铠万领[6],吾大铠二十领;本初马铠三百具,吾不能有十具。见其少遂不施也,吾遂出奇兵破之。是时士卒精练,不与今时等也。(《御览》卷三五六)

译文

孤当年在襄邑时,有起兵的意图,跟工匠们一道打造卑手刀。那时北海郡孙宾硕来看我,讥笑我说:“为人应当图谋世间大事,怎么竟然和铁匠一块儿打刀呢?”孤回答他说:“能小也就能大,打刀有什么不好呢!”

袁绍有铠甲一万件,我只有大铠二十件;袁绍有马铠三百套,我不到十套。铠甲少便索性不用,我于是出奇兵破了袁绍。当时士兵精锐干练,与现时不同。

注释

1 **军策:**军事上的谋略。

2 **襄邑:**县名,治今河南省睢县。

3 **有起兵意:**曹操在中平六年(189)不愿为董卓所用,从洛阳逃出,到陈留、襄邑、己吾一带,准备起兵讨伐董卓。

4 **工师:**工匠技师。 **卑手刀:**一种军用短刀。

5 **"时北海"句:**北海,郡名,治所在剧县(今山东昌乐县西)。孙宾硕,名嵩,字宾硕,北海安丘人。曾任豫州刺史,后投刘表。候,看望。

6 **袁本初:**即袁绍。铠,铠甲,古代作战的防护衣,以金属薄片制成。

原文

夏侯渊今月贼烧却鹿角[1]。鹿角去本营十五里,渊将四百兵行鹿角,因使士补之。贼山上望见,从谷中卒出,渊使兵与斗,贼遂绕出其后,兵退而渊未至[2],甚可伤。渊本非能用兵也,军中呼为"白地将军[3]",为督帅尚不当亲战,况补鹿角乎!(《御览》卷三三七)

译文

夏侯渊在这个月里被贼兵烧掉鹿角。鹿角离本部军营十五里,夏侯渊自己率领四百名士兵去察看鹿角,就命令士兵补置。贼兵从山上望见了,突然从山谷中冲出来,夏侯渊令士兵迎战,贼兵于是绕到夏侯渊后面。士兵已撤回,而夏侯渊却没有回来。真令人哀伤。夏侯渊本不是能用兵的人,军中都称他为"白地将军"。身为督帅亲自上阵对敌尚且不应当,何况补鹿角这种事!

注释

1 **鹿角:**古代战争中的防御设施。用带枝杈的树木削尖埋在营地周围,以阻止敌人行进。因形似鹿角,故名。

2 **兵退而渊未至:**兵已退回而夏侯渊未到,指其已战死。

3 **白地将军:**没有才能的将军。

军令

原文

吾将士无张弓弩于军中[1]。其随大军行，其欲试调弓弩者，得张之，不得着箭。犯者鞭二百，没入[2]。

吏不得于营中屠杀卖之[3]，犯令没所卖，及都督不纠白[4]，杖五十。

始出营，竖矛戟，舒幡旗[5]，鸣鼓。行三里辟矛戟[6]，结幡旗，止鼓。将至营，舒幡旗，鸣鼓，至营讫，复结幡旗，止鼓。违令者髡剪以徇[7]。

军行，不得斫伐田中五果桑柘棘枣[8]。（《通典》卷一四九）

译文

我军将士不得在军营中拉张弓弩。随军行进时，想调试弓弩的人可以张开弓，但不准搭上箭。违犯此令者鞭打二百，没官为奴。

官吏不得在军营中屠杀或贩卖因罪没官的奴隶，如有人犯令，将其所卖没入官府，如果都督未纠正也不报告的，打五十军杖。

军队刚出营时，要竖起矛戟，展开旗帜，击鼓；出营三里后，矛戟斜扛，卷起旗帜，息鼓。将要到达营地时，展开旗帜，击鼓。到达营地后，重新卷起旗帜，息鼓。违犯此令者，受髡刑，巡行示众。

行军时，不得砍伐田野中果木与桑、柘、酸枣等树木。

注释

1 **张：**拉开。 **弩：**一种有机械装置的弓。

2 **没入：**犯了罪没入官府为奴。

3 **屠杀卖之：**指屠杀或贩卖上文所说的因犯罪而没入的官奴。

4 **都督**:三国时出师领兵军官即称都督。 **纠白**:纠,纠正。白,报告。

5 **幡旗**:一种长条形的旗。此泛指军中旗帜。

6 **辟**:倾斜。意指可以较随意地扛着。

7 **髡剪以徇**:髡剪,古代一种剪去头发的刑罚。徇,巡行以示众。

8 **五果**:指桃、李、杏、栗、枣五种水果。此泛指果树。 **柘**:柘木,桑科,叶可喂蚕。 **棘枣**:野生的酸枣树。

船战令

原文

雷鼓一通[1],吏士皆严。再通,什伍皆就船[2],整持橹棹,战士各持兵器就船,各当其所。幢幡旗鼓[3],各随将所载船。鼓三通鸣,大小战船以次发,左不得至右,右不得至左,前后不得易处。违令者斩。(《通典》卷一四九)

译文

擂鼓第一通,官兵都要装束整齐,紧急待命。擂鼓第二通,什长、伍长一律登船,整备橹桨;全体战士持武器上船,各就各位。各队旗鼓,跟随其主将指挥船。擂鼓第三通,大小战船依规定次序进发,应在左边的不得在右行驶,应在右的不得在左,前后位置不得倒错。违犯命令者斩首。

注释

1 **雷鼓一通**:雷,通“擂”,古时进军以擂鼓为号令。通,量词,据《卫公兵法》,一通为三百三十下。

2 **什伍**:指什长、伍长。伍、什是古代军队的基层编制。五人为一伍,头领称伍长;两伍为什,头领称什长。

3 **幢幡:**军中旗帜。幢,古代仪仗用的旗帜。

步战令

原文

严鼓一通[1],步骑士悉装;再通,骑上马,步结屯[2]。三通,以次出之,随幡所指。住者结屯幡后[3],闻急鼓音整阵;斥候者视地形广狭[4],从四角而立表[5],制战阵之宜;诸部曲者,各自按部陈兵疏数[6];兵曹举白[7]。不如令者斩。兵若欲作阵对敌营,先白表[8],乃引兵就表而阵。临阵皆无喧哗,明听鼓音,旗幡麾前则前,麾后则后,麾左则左,麾右则右。麾不闻令,而擅前后左右者斩。伍中有不进者,伍长杀之;伍长有不进者,什长杀之;什长有不进者,都伯杀之[9]。督战部曲将,拔刃在后,察违

译文

紧急的鼓声响第一通时,步兵、骑兵全部整备好行装;第二通,骑兵上马,步兵列队集结待命;第三通,随着令旗的指挥,依照次序出发。停下的队伍,结集于军旗之后,听紧急鼓声响起,整顿好阵势。侦察人员要根据地形的广狭,在布阵范围的四角立标志桩,定好适宜的战阵;各部军队,按部或稀或密摆列好;兵曹报告布阵情况,不遵上述命令的,斩首。军队与敌对阵时列阵,先说明四周标志,然后领兵按标志列阵。临阵一律不得喧哗,听清鼓音,令旗指向前,部队前进;向后,部队向后;向左,部队向左;向右,部队向右。令旗挥动时不理睬命令,擅自向前后左右行动的斩首。一伍当中有临阵不服从军令前进的兵士,伍长杀掉他;伍长有不前进的,什长杀掉他;什长有不前进的,都伯杀掉他。各部督战将领,持刀在后监督纠察,有违反命令不前进的,斩

令不进者斩之。一部受敌，余部不进救者斩。临战兵弩不可离阵。离阵，伍长什长不举发，与同罪。无将军令，妄行阵间者斩。

首。一部遭受敌人攻击，其他部队不前往救援的，斩首。临战时，弓弩手不得离阵。如有离阵而伍长什长又不揭发的，两者同罪。没有将军命令，在军阵间擅自乱走的斩首。

注释

1 **严鼓：**紧急的鼓声。

2 **骑上马，步结屯：**骑兵上马，步兵集结。

3 **住者：**停住未出发的部队。

4 **斥候：**古时侦察敌情的兵士。

5 **表：**树立木桩作为标志。

6 **疏数：**疏密。

7 **兵曹：**军中掌管作战部署的机构。

8 **白表：**说明四角的标志。

9 **都伯：**统领一百兵士的军官。

原文

临战，阵骑皆当在军两头[1]；前陷，阵骑次之，游骑在后[2]。违令髡，鞭二百。兵进，退入阵间者斩。若步骑与贼对阵，临时见地势，便欲使骑独进讨贼者，闻三鼓音，骑特从两头进战，视麾所指，闻三金音还[3]。此但谓独进战时也。其步骑大战，进退

译文

临战时，压阵的骑兵应当在军队两头；前部攻进敌阵，随后是压阵骑兵，流动骑兵在最后，违犯命令的受髡刑并鞭挞二百。部队向前进攻时，有擅自退进军阵中的斩首。步兵骑兵共同与敌人对阵，如果临时根据地形情况而决定骑兵单独向前攻击敌人的，要听三通鼓声，骑兵从步兵两头进击，根据令旗所指方向作战，听到鸣金三次，即行退回收兵。这仅仅是指骑兵单独进攻的情况。至于步兵骑兵

自如法。吏士向阵骑驰马者斩。吏士有枉呼大声者斩。追贼不得独在前在后，犯令者罚金四两。士将战，皆不得取牛马衣物，犯令者斩。进战，士各随其号。不随号者，虽有功不赏。进战，后兵出前，前兵在后，虽有功不赏。临阵，牙门将骑督明受都令[4]，诸部曲都督将吏士，各战时校督部曲，督住阵后，察凡违令畏懦者□。有急，闻雷鼓音绝后，六音严毕[5]，白辨便出[6]。卒逃归，斩之。一日家人弗捕执，及不言于吏，尽与同罪。（《通典》卷一四九）

通同作战，其行动调遣自然另有法度可遵。军中将吏如有向压阵骑兵中纵马驰骋的，斩首。官兵有高声乱喊的斩首。追击敌人时，将士不可单独在前，也不准单独在后，违犯命令的罚金四两。将士在准备作战时，均不准擅自取用牛马、衣物，违犯命令的斩首。进攻交战，士兵们须各自遵守行动号令，不遵守的，即使立功也不能赏赐。进攻交战，后队如果冲到前面去，或者前队落在后面的，即使立功也不获赏。临阵时，牙门将、骑督要明确清楚地接受传达统帅命令，各部带兵将领及将官，在战时监督所部，在阵后督阵纠察，发现违犯军令、畏惧不前的（即行斩首）。遇到紧急情况，听到紧急鼓声六通已毕，辨明情况，即刻出发。士卒私自逃回家的，斩首。回家一天以上，家人还不拘捕送官，也不向官吏报告的，都与逃卒同罪。

注释

1 **阵骑**：列成阵势的骑兵。

2 **游骑**：不摆成一定阵势的机动骑兵。

3 **三金音**：击钲或铙三次，是表示退兵的号令。

4 **牙门将**：武官名，负责传达统帅军令。 **都令**：统帅命令。

5 **六音严毕**：紧急的鼓声六通完毕。

6 **白辨**：辨明情况。

《孙子》序[1]

原文

操闻上古有弧矢之利[2]，《论语》曰"足兵"[3]，《尚书》八政曰"师"[4]，《易》曰"师贞，丈人吉"[5]，《诗》曰"王赫斯怒，爰征其旅"[6]，黄帝、汤、武咸用干戚以济世也[7]。《司马法》曰："人故杀人，杀之可也。"[8] 恃武者灭，恃文者亡，夫差、偃王是也。[9] 圣人之用兵，戢而时动[10]，不得已而用之。

吾观兵书战策多矣，孙武所著深矣。孙子者，齐人也，名武，为吴王阖闾作《兵法》一十三篇[11]，试之妇人[12]，卒以为将，西破强楚入郢[13]，北威齐、晋[14]。后百岁余有孙膑[15]，是武之后也。

译文

曹操听说，上古时就已经使用弓箭了。《论语》说"要充足兵备"，《尚书》八项政事中即有"军队"，《周易》说"为正义而出师，其主帅吉利"，《诗经》说"文王赫然震怒，于是整军出征"。黄帝、商汤和周武王，无不用武力拯救世道。《司马法》说："如果杀人可以使多数人安定，那么就应当杀人。"专恃武力，必然覆灭，吴王夫差就是例子；只修仁义，难免败亡，徐偃王就是见证。圣人用兵，有备而不发，必须诉诸武力时，方才兴师，是不得已而用之。

我读过的兵书战略不少了，其中要数孙武所著兵法深刻透辟。孙子名武，齐国人，他为吴王阖闾作《兵法》一十三篇，吴王命他试用兵法训练妇女，终于用他为将，西向击破强大的楚国，攻入郢都；向北震慑威胁齐、晋。自后一百多年又出现孙膑，是孙武的后裔。

审计重举[16]，明画深图[17]，不可相诬。而但世人未之深亮训说[18]，况文烦富，行于世者，失其旨要，故撰为略解焉[19]。(《御览》卷二七〇)

《孙子兵法》筹划战策周密详审，设计军事行动稳妥慎重，明确透彻，不可篡改曲解。但至今人们还没有对它做出精深明了的解说训释，而且已有的注释文字烦冗，流行世间，使《孙子》本身的精神要领被埋没。因此我对它重新进行删略解说。

注释

1 《孙子》，即《孙子兵法》，战国时孙武作。为我国现存最早的一部兵书，也是世界著名的古代军事理论著作。曹操曾为《孙子》作注，总结历史用兵经验，结合自己战争实践的体会，写出自己的理解和心得。本篇为《孙子注》序言。

2 **弧矢：**弓与箭。

3 **《论语》：**儒家经典之一，孔子弟子及再传弟子关于孔子言行的记录。 **足兵：**充实军备，语出《论语·颜渊》："子曰：足食、足兵，民信之矣。"

4 **《尚书》：**商、周时代统治者发布的文告汇编。 **八政：**食、货(货币)、祀、司空(水利土建)、司徒(民政)、司寇(刑法)、宾(外交)、师(军队)。

5 **《易》：**即《周易》，殷、周时占卜用的书，儒家经典之一。 **贞：**正义。 **丈人：**此指军队统帅。

6 **《诗》：**《诗经》，我国最早的一部诗歌总集，编成于春秋时期。引文见《皇矣》，意指当时密国(在今甘肃灵台县西南)侵犯阮国(在今甘肃泾川县东南)，周文王为此震怒，发兵制止。 **爰：**于是。

7 **黄帝、汤、武：**黄帝，传说中的古帝，轩辕氏，曾讨伐蚩尤。汤，商朝开国君王，讨伐夏桀而建立商朝。武，周武王，伐灭商纣而建立周朝。 **干戚：**盾与斧。这里指武力征战。

8 **"《司马法》"句：**原文为："是故杀人安人，杀之可也。"意为：如果为了民众的安定，那么杀那些妨碍安定的人是可以的。

9 **"恃武"三句：**夫差，春秋时吴王，仗武力与齐、晋争霸，不修内政外交，为越王勾践所灭;偃王,周朝诸侯徐偃王,好行“仁义”而不修武备,被楚文王所灭。

10 **戢:**聚集。

11 **吴王阖闾:**吴王夫差父。他用孙武为将,打败楚国,国事强盛,后在吴越战争中受伤死。

12 **试之妇人:**《史记·孙子吴起列传》吴王阖闾命孙武训练宫女作战,孙武将宫女分成两队,由阖闾爱妾为队长,操练时宫女不以为意,哄笑不止。孙武下令杀了两个队长,全队整肃。

13 **破强楚入郢:**公元前 506 年,吴王阖闾用伍子胥、孙武计策击败强大的楚国,攻入楚国郢都。

14 **北威齐、晋:**齐、晋都是春秋时强国,公元前 489 年,吴王夫差北伐,打败齐国,与晋国争强。

15 **孙膑:**战国时齐人,孙武后代。古代著名军事家,齐威王用为军师,曾两败魏国。

16 **审计重举:**审,详尽周密。计,计划。重举,慎重采取行动。

17 **画:**策划。

18 **亮:**透彻。

19 **略解:**相传《孙子》十三篇,经曹操删定,并加注解。

追称丁幼阳令[1]

原文

昔吾同县有丁幼阳者,其人衣冠良士[2],又学问材器[3],吾爱之。后以忧恚得

译文

过去我的同乡有一位丁幼阳,这人是个优秀的士子,学问、才能、器识又都好,我很喜欢他。后来由于忧愤而得了

狂病[4],即差愈[5],往来故当共宿止。吾常遣归,谓之曰:“昔狂病,倘发作持兵刃,我畏汝。”俱共大笑,辄遣归不与共宿。(《御览》卷七三九)

狂症,不久痊愈,照常往来,并像往常一样同寝。我常叫他回去,对他说:“你从前犯狂病,万一发作起来,持刀动杖,我可怕你。”因而彼此大笑,总是让他回去不留宿。

注释

1 **丁幼阳:**丁冲,与曹操同乡为友,曾建议曹操迎献帝都许昌,后任司隶太尉。

2 **衣冠:**士人。

3 **材器:**才能器识。

4 **恚:**怒,恨。

5 **差:**同“瘥”,痊愈。

与皇甫隆令[1]

原文

闻卿年出百岁,而体力不衰,耳目聪明,颜色和悦,此盛事也。所服食施行导引[2],可得闻乎?若有可传,想可密示封内。(《千金方》卷二七)

译文

听说您已年过百岁,然而体力却不衰弱,耳聪目明,容貌悦目,气色祥和。您服用什么样的饮食药物和施行导引之法,可以让我知道吗?如有哪些可以传授的,我想您也许可以写下放在信封里秘密地告知我。

注释

1 **皇甫隆:**《魏志·仓慈传》注引《魏略》,称皇甫隆在嘉平中(249—254)为敦煌太守。按本篇内容,皇甫隆在曹操生前即已年过百岁,到嘉平中则是以一百三四十岁老人任太守,恐不是同一人。

2 **导引:**古时一种深呼吸及活动肢体的健身运动。

四时食制[1]

原文

郫县子鱼[2],黄鳞赤尾,出稻田,可以为酱。(《御览》卷九三六)

鳣[3],一名黄鱼,大数百斤,骨软可食,出江阳、犍为[4]。(《御览》卷九三六)

蒸鲇。(《御览》卷九三七)

东海有大鱼如山,长五六里,谓之鲸鲵[5],次有如屋者。时死岸上,膏流九顷。其须长一丈,广三尺,厚六寸,瞳子如三升碗。大骨可为矛矜[6]。(《御览》卷九三八)

译文

郫县所产的子鱼,黄鳞红尾,产于稻田中,可用来做鱼酱。

鳣,又名黄鱼,可重数百斤,鱼骨柔软可以吃,产于江阳、犍为一带。

鲇鱼可蒸吃。

东海有一种鱼大如山丘,长五六里,人们叫作鲸鲵。小一些的也有像房屋大小的。有时死在海岸上,身上流出的油可以漫延九顷地之广。它的须长一丈,宽三尺,厚六寸。眼珠像三升的碗一样大。大骨头可做矛柄。

注释

1 据《文选理学权舆》,《文选》注所引诸书中有魏武《四时食制》。《四时食制》可能是曹操的一部完整著作,本篇是从他书辑录的一部分。

2 **郫县:**今四川成都郫都区。 **子鱼:**一种小鱼,背黑绿色,味鲜美。

3 **鳣:**即鳣鮪,也叫鲟鳇。鳣的近似种,肉黄色,头骨软可食,大者可二三丈长。

4 **江阳:**今四川泸州市。 **犍为:**汉郡名,治所武阳(今四川眉山市彭山区东)。

5 **鲸鲵:**水中哺乳动物,状似鱼,大者可达数十吨。雄称鲸,雌称鲵。

6 **矜:**矛柄。

原文

海牛鱼皮生毛[1],可以饰物,出扬州。(《御览》卷九三九)

望鱼侧如刀,可以刈草,出豫章明都泽[2]。(《御览》卷九三九)

萧拆鱼[3],海之干鱼也。(《御览》卷九三九)

鲟鯆鱼黑色[4],大如百斤猪,黄肥不可食,数枚相随,一浮一沉。一名敷,常见首。出淮及五湖[5]。(《御览》卷九三九)

译文

海牛鱼皮上长毛,可以用来做器物装饰,产于扬州。

望鱼扁长如刀,鳍可用来割草。产于豫章明都泽。

萧拆鱼,是用海鱼做成的干鱼。

鲟鯆鱼,体黑色,像百斤重的猪一般大,肉色黄,极肥,不能吃。常常数条相随同游,时沉时浮。又称为敷,常可见鱼头露出水面。产于淮河、太湖。

注释

1 **海牛鱼:**海洋游水类哺乳动物,似鲸,产于热带海中,常群栖,长约丈余,前肢鳍状,后肢退化,尾锹状,全身生短毛,暗灰色,以海藻为食。出扬州,可能由海中逆江而上至扬州。

2 **豫章:**古地区名。 **明都泽:**即望诸泽,又称孟诸泽。在今河南商丘东北、虞城西北。

3 **萧拆鱼：**又名萧折鱼，把鱼放在香蒿香艾上曝晒制干。

4 **鲟鲱：**又名敷鲱，海豚的别称。

5 **五湖：**即太湖。

原文

蕃逾鱼如鳖，大如箕，甲上边有鬚，无头，口在腹下，尾长数尺，有节，有毒螫人。（《御览》卷九三九）

发鱼带发如妇人，白肥无鳞，出滇池。（《御览》卷九四〇）

蒲鱼，其鳞如粥，出郫县。（《御览》卷九四〇）

疏齿鱼，味如猪肉，出东海。（《御览》卷九四〇）

斑鱼[1]，头中有石如珠，出北海。（《御览》卷九四〇）

鳣鱼[2]，大如五斗奁，长丈，口颔下。常三月中从河上，常于孟津捕之[3]，黄肥，唯以作酢[4]。淮水亦有。（《初学记》卷三〇）

译文

蕃逾鱼形状如鳖，如簸箕大小，甲壳上边有须。没有头，嘴长在肚子底下，尾巴长数尺，尾上分节，有毒，可螫人。

发鱼，披着头发像女人，白肥无鳞，产于滇池。

蒲鱼，它的鳞细软柔腻如粥，产于郫县。

疏齿鱼，味道很像猪肉，产于东海。

斑鱼，鱼头里有石头像珍珠一样，产于北海。

鳣鱼，像盛五斗的箱子一样大，长约一丈，嘴长在下巴下边。常于三月里逆黄河而上，往往在孟津可以捕到，又黄又肥，只可以做鲊。淮河中也有。

注释

1 **斑鱼：**形似河豚而略小，背青色有黑斑，无鳞，尾鳍不分裂。

2 **鳣鱼：**鲟类，长六七尺至两丈不等。唇突出，头有软骨。栖近海。

3 **孟津：**泽名，在今河南孟州南。

4 **酢：**"鲊"之形讹，指用腌、糟等方法加工的鱼类食品。

鹖鸡赋序[1]

原文

鹖鸡猛气，其斗终无负，期于必死。今人以鹖为冠，像此也。(《大观本草》卷十九“鹖鸡”)

译文

鹖鸡气概勇猛，它的争斗从无失败可言，开始就已抱定必死的信念，直到战死。今天武士用鹖鸡羽做成帽子，就是象征这种以死相搏的猛气。

注释

1《鹖鸡赋》已逸失，只存这篇短序。鹖鸡，野鸡的一种，体量略大，黄黑色，头有冠，尾羽较长。